Círculo Rojo
EDITORIAL

TEA-COMPAÑO
Soy adulto
¿Y ahora qué?

TEA-COMPAÑO
Soy adulto
¿Y ahora qué?

Judith Sánchez Villanueva

Círculo Rojo
EDITORIAL

Primera edición: mayo 2025

Depósito legal: AL 4846-2025
ISBN: 979-13-7016-023-4
Impresión y producción: Editorial Círculo Rojo

© Del texto: Judith Sánchez Villanueva
© Diseño de portada e ilustraciones: José Luís Marí Aguiló (Fotografías originales)
© Ilustraciones: José Luís Marí Aguiló/Soporte app Voilà.
© Maquetación y diseño: Equipo de Editorial Círculo Rojo

Editorial Círculo Rojo

www.editorialcirculorojo.com

info@editorialcirculorojo.com

Impreso en España - Printed in Spain

INTRODUCCIÓN

Después de un tiempo de descanso de lápiz y papel, volvemos para cumplir nuestra promesa.

Tras TEA-DORO, ha nacido TEA-COMPAÑO, porque adorarte sin acompañarte, no tendría sentido.

Esta vez hemos crecido tanto que no nos podemos conformar. Nos hemos hecho grandes, como este libro.

Vamos a destaparnos por completo para que cualquier adolescente, tenga autismo o no, sepa que no está solo o sola y que lo difícil se consigue si se persigue.

Así que, acompáñanos en estos dieciocho pasos y camina junto a Álex para llegar al destino deseado y merecido.

¿Vienes?

Te introduzco. Bienvenido y bienvenida a un nuevo mundo. Ya no eres un niño, solo tienes una opción: seguir creciendo con todo lo que conlleva.

Para ello, vamos a dar dieciocho pasos que nos van a ayudar a caminar y seguir caminando, porque, esto nunca termina.

Da el primer paso, ese salto a los dieciocho, ya eres mayor de edad.

Parece que toda la sociedad te está esperando a que saltes de un trampolín súper alto y ni siquiera sabes si el agua que te espera abajo es suficiente o no... Si amortiguará la caída, o no... Pero es que no queda otra, estás obligado a ser mayor de edad, te guste o no.

Bueno, ¿por dónde íbamos? ¡Ah, sí! Vamos, estás en el trampolín, tienes que saltar, nadie puede bajarse de los dieciocho años. No mires abajo, no preguntes, no pienses, cierra los ojos y salta.

Ya veremos después con cuánta agua puedes contar. ¡Salta, salta, salta!¡Muy bien!

Buenoooo, pues ya vamos a dar el paso número 2.

Enhorabuena, felicidades. ¿Y ahora qué? No sé tú, pero yo, después de esta experiencia, lo que necesito son abrazos y besos. Cuantos más, mejor. Pero resulta que ya eres adulto y ya no puedes repartir abrazos y besos cada vez que lo necesites. Eres mayor y eso ya no está tan bien visto.

Es curioso. De pequeño te "obligaban" a darlos y ahora, que quieres, ¿no puedes?

¡El mundo adulto es tan absurdo! Y lo que es peor, ahora eres consciente de ello.

Lo bueno de ser niño es que no sabes lo absurda que es la sociedad.

Cuidado con el paso número 2, ve y camina despacio.

Llegas al paso número 3. Espero que hayas llegado ileso. Lo has hecho muy bien hasta ahora. Y por eso, esperas y quieres las ventajas de ser mayor, porque ya lo eres, pero no, tú no, porque aún no sabes, aún no están preparado para salir, para andar solo por la vida.

¿Cómo? ¿Qué? Así que ahora soy adulto, pero un adulto "vetado". Entonces, ¿cómo llego al paso 4? Si el paso número 4 es el sexo, eso que todo el mundo quiere pero que nadie dice...

Pensarás que tú también mereces sentir, ser amado, dar amor y disfrutar del proceso, que para eso tienes un cuerpo.

¿Puedes? ¿O resulta que ahora te tienes que saltar dos pasos y hacer como que no pasa nada? ¡Qué injusto!

¿Te ha pasado a ti? ¿Cómo te sientes? ¿Qué hiciste? ¿Qué haces?

Álex es el protagonista de esta historia, yo, aquí, la que escribe, soy simplemente la mensajera. Así que, a partir de ahora, es mi letra, pero son sus palabras.

Paso número 5, pues que... resulta que eres adulto, quieres tener tu propia casa, tú también lo quieres, porque es tuyo, es tu vida. Es lo justo, es tu vida. Es lo justo y es tu responsabilidad. Pero no, no entiendes cómo pueden otros querer vivir siempre con sus padres. Yo no quiero. Quiero ser adulto para todo, con todo lo que implica.

¿Y tú?

Siempre se me ha "obligado" a salir de casa, a no estar encerrado. Pero ya soy adulto, y claro que quiero salir, viajar, no parar de hacer cosas, pero ya no más con mis padres. Quiero ir solo, con mis amigos. ¿Por qué no puedo? Pues... necesito que me dejéis dar este paso número 6, porque si no, me encerraré en mí mismo y no querré volver a salir fuera. ¿Me ayudas?

TEA-YUDAMOS

Y para ayudarme tienes que confiar en mí.

Paso número 7, ahora tengo que ganarme tu confianza, hacer un esfuerzo más y que veas que soy capaz de todo y mucho más.

Y, como ves, puedo y es mi deber como adulto. Yo quiero TRABAJAR, necesito dar ese paso número 8.

Dadme la oportunidad y yo prometo madrugar todos los días y dar todo de mí a cambio de un respeto, un trabajo, una formación como persona adulta que soy.

Y si consigo todo eso, mi amor cada vez será más grande, cada día estaré más agradecido a la vida, tanto, que querré compartirlo contigo, con mis seres queridos, con los que me habéis dejado llegar al paso número 9.

Hazte a la idea. He conseguido llegar al paso 9, así que ahora necesito un FUTURO. Y, además, necesito saber que el día que tú o mamá o papá falten, podré seguir viviendo, echándote de menos, pero podré VIVIR sin ti, por mí mismo. Será entonces el paso número 10.

Y llegado al paso 11 sé que llevas la mitad de tu vida pensando antes en mí que en ti. Lo sé, aunque nunca te lo dije ¿Y qué? La mayoría de los hijos no decimos esas cosas porque hay otras maneras de reconocerte esa entrega.

Y, precisamente, por llevar la mitad de tu vida pensando en mí antes que en ti, te pido que ahora me dejes. Sí, paso número 12. Déjame, déjame ser yo y, si te necesito, encontraré siempre la manera de pedirte que vuelvas.

Y déjate, déjate llevar al paso número 13, que no, que no eres tú, soy yo, que soy yo quién tiene que vivir su vida y creer en todos los sentidos.

A cambio, yo te enseñé, paso número 14. Te enseño a ser más tú cada día. Te enseño a que no te importe lo que opinen o digan los demás de ti. Te enseño a reírte de todo en mitad de un enjambre de personas. Yo te enseñé a darte cuenta de que tú solo eres responsable de tus actos, no de los de los demás y que, si te miran, es porque despiertas miradas, interés. ¿Sabes? No todo el mundo puede decir eso.

Y cuando te enseñé todo esto y lo aprendiste, llegaste al paso número 15. El paso de darme las GRACIAS, eligiendo la Paz, la Tranquilidad. Eligiendo que vivir no es luchar contra nadie ni nada, es estar preparado para lo que venga, sea malo, sea bueno, pero en paz, con la conciencia tranquila, con la tranquilidad de saberte capaz y valiente de afrontar lo que llegue, porque lo hiciste bien, porque ya eres experta en improvisación y en sorprender a las sorpresas que la vida te da.

1. SALTO DE TRAMPOLÍN

Cumples 18 años y ya parece que debes. Sí, así, tal cual, sí, debes. Debes ser adulto, debes ser mayor de edad. Debes hacer y hacer, debes tener muy claro qué hacer con tu vida, o, por lo menos, parecerlo.

Estar en el paso 1 es como saltar desde un trampolín mientras todos observan la caída.

Unos observan, otros critican, otros aconsejan, otros juzgan, algunos lo sienten como si estuvieran ahí contigo saltando y, unos pocos, saltarán contigo de verdad.

Todos, autistas o no, estamos obligados a pasar por el salto. Cada persona lo habrá vivido de una forma distinta.

Hay algunos de vosotros que estaban deseando llegar a los 18 y sentirse libre, salir, entrar.

Otros, de repente os sentís adultos, importantes, como si, de repente, por cumplir 18 fuerais maestros de todo.

Algunos lo vivimos como un hecho inevitable que confirma un "a partir de ahora". Esa era yo, Judith, antes de ser la madre de Álex.

Todos tus intentos y anhelos de ser niño se convierten en un esfuerzo del que serás juzgado.

Lo vivimos como una obligación o imposición, cuando realmente antes, mucho antes, ya éramos responsables. Ya sabíamos lo que queríamos y ya cumplíamos con nuestras obligaciones.

Pero no, no era suficiente. Había que dar constancia socialmente de que ahora ya eres un adulto reconocido y te preguntas por primera vez si podrás seguir subiéndote al columpio o bajar por el tobogán amarillo en el que te rozabas el culo por el impulso y la velocidad que tomabas y que tanto ayudaba a soltar adrenalina, risas y FELICIDAD.

Y, entonces, piensas, "vale, saltaré del trampolín". Es lo que estáis todos deseando, esperando. Pero a cambio, yo voy a seguir subiéndome en el columpio rojo bajando del tobogán amarillo.

El asunto se complica si, además posees, una discapacidad. Cuando ni la sociedad misma sabe lo que quiere de ti. Y este es el caso de Álex.

La misma sociedad es la que sólo sabe decirte que saltes. ¡Tú salta y luego ya veremos! Pero tienes que saltar porque es lo que toca y punto.

Y uno al final salta. Venga, pues salto, salto y daré de mí lo que se espera. Aunque no tengáis todavía muy claro qué es...

Yo estaré dispuesto a todo. A cambio sólo espero poder disfrutar de lo positivo del salto.

Quiero conducir, tener mi propio vehículo, mis amigos con los que salir y entrar, viajar sin un tutor legal, sin un guardaespaldas. ¿Me lo prometes?

Yo cumplo y tú cumples... Si no... ¿Tú saltarías?

Yo ya he saltado.

Cada persona da su salto mortal de una forma particular. Yo he saltado cambiando de centro educativo a uno que me "pillaba" más retirado de casa y del cual espero no tener problemas.

Salto sin mis amigos de toda la vida, de mi aula específica TEA, voy sin ellos, sin darme tiempo ni a despedirme, porque mi modalidad C me colocaba después de los B. Yo no entiendo muy bien qué es ser B o C, pero sabía que podía quedarme sin plaza y que yo no tenía prioridad.

Pero me la han dado y salto. Salto sin mis amigos y maestros de mi anterior etapa. Y salto con ganas, con esperanza, con los ojos llenos de ilusión y de energía por aprender, por trabajar y por tener más amigos y amigas.

Salto con la ilusión que tiene o debería tener cualquiera de mi edad.

Salto con la intención de comerme la vida, porque soy un adolescente con la energía de darlo todo y de avanzar siempre, sin miedo, sin pausas.

PASO 2.
LOS ABRAZOS Y BESOS EN TELA DE JUICIO

De pequeño me llamaban osito amoroso por mis ganas continuas de dar abrazos y besos.

Supongo que no era propio de lo que en aquel entonces era considerado el autismo. La verdad es que no lo sé. Yo siempre he sido así y sigo siéndolo.

Desde que nací, aterricé en una casa llena de amor, besos, abrazos, música y creatividad. Eso seguro que le influye a cualquiera.

A mí siempre me ha encantado compartir mis sentimientos y un abrazo siempre fue una de las formas más fáciles de comunicarme con las personas.

Seguro que os habrá pasado alguna vez esto de lo que hablo.

También, seguramente, alguno de los que me estáis leyendo también os sentiréis identificados cuando os diga que esta capacidad o forma de comunicar y compartir cuando eres niño o niña, es una virtud, un rasgo positivo que todo el mundo aplaude y valora.

Recuerdo cómo sonreían y me devolvían el abrazo. Muchas personas de la que veía cada día me venían a buscar solamente para ese abrazo diario.

El problema es que crecí y me di cuenta de una cosa muy extraña. Mi cuerpo creció muy rápido en un verano, pero yo seguía y sigo siendo yo.

Por no sé qué razones, mis abrazos en algunas ocasiones y para algunas de esas personas se volvieron incómodos, pesados, inoportunos o impropios… Y me sentía rechazado.

De repente, para evitar posibles conflictos o problemas, mis padres y mis maestros empezaron a enseñarme que no siempre estos abrazos eran apropiados y que debía preguntar primero o sustituirlos por dar la mano…

Y pronto fue incluso peor. Llegó una pandemia y tuve que adaptarme rápidamente durante dos años a no dar ni un solo abrazo, beso, caricia o muestra de cariño fuera de casa. Suerte que en casa todo siguió igual que siempre y fue mi refugio y mi estabilidad.

Qué gran esfuerzo fue que me arrebataran mi mejor forma de conectar con mis personas más cercanas y para más problemática, debía llevar una mascarilla y aprender a comunicarme con ella y también entender a los demás cuando solamente podía ver sus ojos.

Durante todo ese tiempo me quedé sin mi viaje de estudios tan esperado y no me pude despedir de mis compañeros.

También tuve suerte de seguir en contacto con todos ellos, y al tercer año pudimos hacer una despedida que se llevó tres cursos poder realizarla. Fue muy emotiva y algunos abrazos también se escaparon.

He aprendido sobre la marcha, y en estas circunstancias no tan fáciles, a ser menos oso amoroso y un poco más adulto, si es eso lo que se espera de un adulto.

Mi madre lee mucho, la verdad es que a veces me resulta hasta pesada, porque siempre suele ir con un libro en la mano por casa y unos pantalones hippies de colores que yo creo que no me pondré nunca.

Hay una frase que leía mucho y que decía algo así como "no es el niño a quien se le ha enseñado mucho sobre el amor, sino aquél que lo ha experimentado, el que habrá de convertirse en un adulto sano, feliz y bien adaptado. Nuestro estado de autoconfianza y equilibrio es el resultado de lo que hemos experimentado y no de lo que nos han enseñado intelectualmente".

Está claro que mi madre cree mucho en esa teoría y el resultado soy yo. Y, la verdad, me gusto bastante. ¿Tú te gustas?

También es cierto que me cuesta adaptarme a entornos que para mí resultan fríos. Sobre todo, cuando noto que me miran con extrañeza... De repente siento que no estoy teniendo éxito con poder comunicarme y me siento rechazado. Esta sensación es dura para poder crecer en todos los sentidos.

Mi madre me ha ido enseñando también que los recuerdos de estas experiencias en las que no tuve éxito se nos quedan como archivos de información para un presente y un futuro más "adulto".

Yo no puedo verbalizar esto tal y como ella lo escribe. Se le da bien y me ayuda a expresarlo y a que ayude a más gente que sienta como yo.

A ella se le da mejor escribir que hablar. También se parece a mí en lo de hablar. Es increíble cómo es capaz de decir tanto en tan poco tiempo solamente si le dejo un boli y un papel, una libreta o mi ordenador estropeado.

Mi madre también ha ido aprendiendo conmigo muchísimo.

Ahora ya su perspectiva le hace ser otra persona adulta. Una persona nueva que dice ser gracias a mí.

Ella piensa también que ningún hombre ni ninguna mujer debería tratar de ser "un éxito", pero que todos necesitamos hacer lo posible por triunfar, por tener éxito. Un intento por llegar a ser un logro hacia la satisfacción y a la felicidad. Algo así como la clave para una vida mejor.

PASO 3.
QUIERO SER MAYOR

La verdad es que este paso siempre quise darlo desde bien pequeño. Al contrario que mamá.

De hecho, siempre la llamaba Judith, nunca mamá. De repente, cuando me cambió la voz, decidí llamarla mamá y, claro, a todos les chocó, tanto que se reían, ella la que más. Cuando ya no lo esperaba, tuvo que acostumbrarse a escucharme algo tan esperado por ella solo que con una voz que no era la de un pequeño.

Yo fui de esos niños que estaba siempre deseando cumplir años, hacerme mayor, hacerme adulto y parecerme a mis adultos de referencia, los cercanos y a los que tengo idolatrados en los medios de comunicación que tanto sigo.

Por ello empecé a preocuparme mucho de mi autoimagen. Me preocupaba de mi ropa, mi pelo, mi higiene, mi cara, mis manos, mis zapatos. Me di cuenta de que mi autoimagen podía ser cambiada y mejorada. Esto lo hice solo, no necesité terapias ni personal trainner, estilista personal o lo que queramos ahora contratar para algo que muchas veces ha de nacer desde nuestro interior y no forzar.

Hay libros por ahí también sobre este tema. Lo mío no es la lectura, la verdad. Solamente de mis centros de interés, suelen ser escritos muy visuales, con sonidos, música o artículos, shorts, vídeos…

Yo aún no sé cómo he conseguido mejorar mi autoimagen y, de hecho, aún ando preocupado por mi peso y por encontrar una actividad deportiva que realmente me guste, me deje ser independiente y libre que me ayude mejorar mi figura pero que no sea competitiva, porque no es algo que me motive.

Yo soy un caso muy claro de que todo ser humano puede mejorar su autoimagen. No hay edad para cambiar. Nadie es demasiado joven ni demasiado viejo, ni demasiado incapaz para que no pueda cambiar su autoimagen y, por lo tanto, poder emprender un nuevo estilo de vida.

No me refiero solo al físico. Siempre tuve muy claro lo que me gustaba y lo que no. Además, tuve que ir adaptándome a que no siempre lo que me gustaba estaba accesible a mí. Dicen que el dinero no da la felicidad, pero, madre mía, lo que ayuda.

Mi rollo es más de números, de transportes, de viajes, de negocios, de comprar, vender, alquilar y de estar siempre hablando con gente, a ser posible, siempre sin dejar de usar la informática y el mundo del automovilismo en todas sus formas.

Claro, es difícil conseguir atravesar una primaria, una secundaria… con un perfil diagnosticado de autismo desde la etapa de infantil y siendo escolarizado en modalidad C, aula específica TEA, que tanto me ha aportado y enseñado, pero que tanto me ha limitado también y me ha frustrado a veces, ya que me sentía desconectado del mundo.

No voy a entrar en toda mi historia desde la infancia a nivel escolar. Ahora ya soy adulto y he sido consciente de que necesitaba libertad cuando por fin he salido de mi aula TEA de secundaria y, aunque ahora estoy haciendo un módulo de FP básica específica, es informática de oficina y me siento libre por poder elegir por fin algo en este sentido.

Se me ha hecho largo y ha sido duro el cambio. Pero soy feliz porque quiero ser mayor, quiero ser adulto y no tengo miedo a serlo.

Un consejo que le doy a todos los que ya son adultos:
Usted no es inferior. Usted no es superior. Usted es simplemente usted.

Yo no sé si conseguiré ser quien quiero ser. Ahora daría lo que fuera por sacarme el carnet de conducir y trabajar en algo relacionado con lo que he mencionado en las líneas anteriores. Haría y haré todo lo posible para ello, aunque a veces me distraiga, se me complique el camino y me encuentre con mil dudas y obstáculos a mi alrededor. A veces por parte de gente que no me conoce y otras veces, las que más duelen, es cuando esas trabas te las ponen las mismas personas que se sabe que te quieren, pero no confían o temen un mal final… y no te dejan avanzar.

Ese tema es algo que duele y que no se suele hablar por el dolor que produce. Creo que duele más que no te apoyen o no confíen en tus posibilidades que el hecho de pensar que no puedes hacer todas esas cosas que quieres hacer y de las que estás tan comprometido a hacerlas que sabes con certeza que darás todo y más para conseguirlas, sin pedirle nada a nadie. Son esas cosas y tú. Las miras de frente, con la firmeza y el deseo de quererlas, las retas y te enfrentas. No hay más.

Hay algo que practico sin haber ido a ningún centro de crecimiento personal y es "verse con los ojos mentales". Se trata de que llevo visualizando tanto y tan claro qué clase de adulto quiero ser, que lo voy a ser. Bueno, lo estoy siendo, a pesar de las trabas.

Es una representación mental. Mi madre piensa que cuando cierro los ojos y sonrío estoy haciendo ese ejercicio. Pero en realidad no lo sabe. Yo sé lo que tengo que saber y más.

Es el pensamiento consciente el que me ayuda a ser un tío optimista, aunque no siempre lo consiga. Ser consciente de mi vida es el botón de control de mi máquina inconsciente.

Las personas nos hacemos adultas cuando conseguimos adquirir madurez en el presente con objeto de que el futuro sea superior a al pasado. El presente y el futuro dependen del logro de nuevos hábitos y de nuevos modos de mirar a los viejos problemas.

No se logra conquistar un futuro mediante la inquietud y examen continuo del pasado. Aunque yo muchas veces me dedique a recordar momentos concretos de multitud de fechas con exactitud. Nadie es perfecto. Pero se intenta y eso que lo que más importa.

Las personas más infelices de todos los mortales son aquellas que insisten en revivir el pasado una y otra vez en la imaginación y, además, se critican de modo continuo a sí mismas por los errores del pasado.

Algo mucho mejor sería así como que tenemos que ignorar los fracasos del pasado y construir nuestro futuro.

He visto que muchos adultos a mi alrededor se dedican a criticar continuamente sus errores y faltas del pasado. Eso no les ayuda y tienden a perpetuar esa conducta.

Por eso creo que es mejor elaborar un pictograma, jajajaja, los que estáis en el mundo TEA habréis pillado el chiste. Sí, elaborar pictogramas imaginarios, llenos de imágenes objetivo sobre las que nos debemos concentrar. Son pictos imaginarios que mi madre me ha permitido representar en mi cabeza sin ponerme impedimentos o lo que otros llamarían ser realista.

En el instante en que transformamos nuestra mente y paramos de darle fuerza a nuestro pasado, el pasado pierde fuerza con todos sus errores y pierde influencia sobre nosotros.

Las ideas cambian por la acción de otras ideas distintas. Solo hay que atreverse.

En resumen, se trata de la fuerza que tiene lo profundamente deseado. Y yo deseo muchísimo ser adulto.

Así que, si tú deseas algo muchísimo y es bueno, tienes que desarrollar un profundo deseo para conseguir esas cosas que quieres. Ser como yo, un ENTUSIASTA DE LA VIDA.

Insiste, insiste y, después, persiste. Siempre. Con la certeza de que lo has conseguido.

Lo guay de esto es que, además, tu esquema mental genera con mucha más facilidad buenas emociones que te conducen al deseo en concreto.

Pero no olvides nunca que este mecanismo puede volverse a veces traidor y, cuando estés chof, puedes también de forma rápida centrarla en el fracaso y hundirte. Esto es lo que nunca tienes que permitir. La mente es muy poderosa. Úsala como adulto responsable.

Por eso es muy importante que tu mente reciba los hechos reales, exactos y verdaderos que conciernen al ambiente, y muchas veces es complicado, sobre todo en nuestro caso, que tenemos mil interrupciones sensitivas. No te rindas.

Nunca podrás saber si no lo pruebas. El miedo no ayuda y cuantos más años tienes, más cosas te han pasado y más miedos puedes tener.

Siempre te dicen que sepas lo que no quieres, que es lo más importante. Pero también es muy importante que decidas lo que quieres. Mi hermano Hugo diría tener el ojo puesto en la pelota, es que es portero de un pequeño equipo de fútbol benjamín de nuestro barrio.

Al final, la única forma es mantener una confianza con respecto a uno mismo. Mediante esa actitud de fe en lo que hacemos, podemos obtener nuestros sueños.

Selecciona tu objetivo, reúne toda la información, como hago yo en el ordenador, saca tus conclusiones y pon las ruedas en movimiento. Daría lo que fuera por sacarme el carnet de conducir. Lo he dicho ya muchas veces, ¿verdad?

De todas formas, el pensar constantemente en el futuro me hace muchas veces entrar en bucle y conseguir una bonita ansiedad que me pone insoportable.

Así que mi madre a veces se inventa técnicas para que deje de pensar en el futuro y me deje llevar y no pensar en nada. Eso es casi imposible.

Pero podría ser algo así como una rendición. Por eso, yo muchas veces digo "ríndete" y parece negativo.

Ella, en realidad, no se refiere a lo que pensamos que es rendirse. No es pasividad, es relajarse de las tensiones. Es abandonar las altas expectativas y los sentimientos de culpabilidad, la preocupación por el destino. Se trata de un descanso sobre todo eso. Es un proceso lento para mí, pero podría convertirse en rápido y no sentirse siempre en un continuo estado de esfuerzo por conseguir mis deseos.

En realidad, somos trabajadores creadores de nuestro destino. Así que no hace falta ser adulto para ser un trabajador.

Mi madre piensa que el mecanismo del éxito no es estar elaborando de forma lastimosa y con excesivo esfuerzo de pensamiento. Eso lo hacía de niña cuando estudiaba para cualquier examen, aunque ya se lo supiera de memoria.

Ella ha aprendido que la acción creadora es dejar que la tarea a crear se realice por sí misma a través de ella. Es por eso que puede escribir libros además de trabajar dentro y fuera de casa, cuidarnos, cuidarse y, aun así, tener siempre mil historias por hacer de las que disfruta. No es perfecta. Es nerviosa, a veces se satura, otras se bloquea y, aunque casi siempre tiene una sonrisa en la cara, otras veces llora de repente cuando menos lo esperamos o cuando yo no lo veo venir. Aunque otras veces sí que lo veo venir, me acerco y le pregunto el porqué.

Yo, como niño con autismo, he realizado muchos esfuerzos y me he dado cuenta de que el exceso de esfuerzo consciente bloquea a la acción creadora, sea la que sea.

Muchas veces es mejor parar. Me da igual que me hayan tildado de vago. Sé muy bien lo que hago, la mayoría de las veces.

Otra cosita que he aprendido para hacerme adulto que hay preocuparse antes de comenzar a hacer algo, no después de que hayas empezado a hacerla.

Quiero decir que una vez que se ha tomado la decisión y ya la ejecución está en marcha, se deben descartar las preocupaciones por el resultado.

Esto es muy complicado de hacer. Pero, ¿qué perdemos con intentarlo?

Yo lo aconsejo porque creo que así se actúa más libremente y nuestra cabeza funciona mejor.

Hay una cosita que me pasa desde que tengo uso de razón. Seguro que a muchos de vosotros también. Aunque yo sea un poco exagerado en este aspecto.

Puedo desarrollar una ansiedad brutal por cualquier cosa que esté esperando tener, lograr, conseguir o realizar.

Así que aconsejo que, para ser un adulto sano, practicar el hábito de no estar pensando siempre en el mañana. Presta atención, toda la atención al momento presente.

Vivir de forma creadora significa ser espontáneo con el ambiente.

Puedes planear todo lo que quieras para el futuro, pero no te preocupes con respecto a cómo habrás de realizar las cosas mañana.

Hace poco vimos en casa un vídeo de una chica que había estado muy enferma y nos decía que vivamos la vida en plazos de veinticuatro horas. Pues estoy totalmente de acuerdo.

No mires hacia delante ni hacia atrás más allá del día de hoy, en ese plazo de veinticuatro horas.

Vive hoy lo mejor que puedas.

PASO 4.
SEXO

Pues hemos llegado al paso que, para muchos, aún sigue siendo TABÚ.

Y cuando digo eso, no me refiero a que no se pueda hablar. Hoy en día se habla y mucho. Pero mal y pronto.

En mi casa, no es algo que haya sido un problema hablar. Claro está que siempre he visto que, para mis padres, ha sido incómodo tratarlo conmigo por no saber cómo, más en mi caso. Para unos padres novatos es siempre difícil abordarlo, imagina cuando, además, hablamos de un espectro autista.

Aun así, mis padres, cada uno con su personalidad, lo fueron tratando conmigo como si de cualquier hijo neurotípico se tratara.

Como a cualquier hijo que tiene el perfil de querer ser adulto lo antes posible. Así que el asunto lo puse más difícil todavía.

Hoy por hoy me siento aliviado, esa es la palabra, por haber encontrado una familia que me haya respondido a todas mis preguntas; algunas de ellas bastante incómodas, a destiempo o malsonantes. Nunca ha sido mi intención ser grosero.

Gracias por saber ver más allá de lo que otros habrían visto.

Pero los agradecimientos vendrán bastante más adelante.

Desde pequeño, mis centros de interés han ido cambiando, pero todos han sido muy intensos para mí.

Digamos que he profundizado mucho en ellos.

El sexo no lo ha sido por ahora. No digo que no lo haya descubierto en alguna de sus formas; solamente digo que no ha sido uno de mis centros de interés.

En cambio, recordando lo que os decía de mi autoimagen. Sí que ha sido a lo largo de mi infancia y, hasta hoy, la ropa, los complementos, accesorios, estilismos, looks, marcas de vestuario, uno de mis centros de interés. En ello incluyo, por supuesto, la lencería, ropa interior, cuidados de la piel y del cabello.

Y este centro de interés sí que me ha traído algún pequeño problema.

Cuando era pequeño, ya me llamaban muchísimo la atención ciertos tejidos por la textura: las medias, las camisas, ciertos tejidos que se usan en lencería. Y, claro, al ser chico, no tenía acceso a ellos, pero sí quería saber de qué estaba hecha cada pieza de ropa que veía. A quién trataba más de diario siempre le quería preguntar qué llevaba puesto tanto en ropa de calle como ropa íntima.

En mis primeros años así, las personas se sorprendían por mi habilidad en identificar con precisión si llevaban una u otra cosa y con qué material estaba hecha.

Lamentablemente, no todas las personas somos iguales. Digo lamentablemente, en este caso, porque había gente que se sentía incómoda y yo no sabía por qué. Creo que sigo sin saberlo.

También me di cuenta de que existen los complejos. Esos que yo no tenía, pero que he ido aprendiendo a tener a base de ver estos comportamientos y de las palabras, no tan agradables, que algunos compañeros de colegio me hayan dicho.

Descubrí que hay personas que les molesta que les diga que hoy en concreto llevan faja, ropa interior con encaje o no, sujetador de tal tipo o de tal otro.

Y que eso no podía decirlo en voz alta o preguntarlo. Aunque mi intención fuera solamente hablar de mis preferencias sobre este centro de interés e, incluso, decirle qué es lo que les sentaría mejor según mi opinión tras haber pasado horas de mi tiempo libre buscando información sobre el tema.

Tuve que aprender. Y cuando fui creciendo, recibí rechazo y respuestas no muy gratas para mí que me hicieron dejar de hablar de este tema con prácticamente nadie.

Con respecto al acto en sí de reproducción, se me explicó, creo que como a todo alumno, en qué consiste y cómo estamos hechos los seres humanos. Lo entendí sin problemas y siempre, desde entonces, he utilizado un vocabulario muy formal para referirme a los órganos genitales.

Sin embargo, si hablamos de lo que se supone habría de ser una adolescencia feliz para mí. Creo que, en este tema, aún no puedo ni opinar.

He expresado verbalmente mis preferencias con respecto al género. En mi caso me atraen las chicas, si pueden ser algo mayores que yo, mejor.

Además, tengo un prototipo bastante claro, pero no estricto ni único. Verbalizo con mi gente de confianza, como lo haría cualquiera. O cualquiera debería hacerlo, pienso.

Mi perfil de chica es rubia, pelo rizado, joven, pero mayor que yo y de nacionalidad francesa. Con un estilo muy marcado a la hora de vestir, que use muchos complementos y que sea motera.

Pero es que no solamente me he centrado en el físico. Yo lo que quiero es que le encanten los medios de comunicación, a ser posible el mundo periodístico y, si trabaja en él, mucho mejor. Graciosa, divertida, activa, deportista, inteligente, charlatana, presumida y curiosa.

Mientras aparece, me dedico a inventarla. A veces la veo tan real que ha tenido varios nombres franceses, con un árbol genealógico muy completo y diverso. Son imaginarias, pero cualquiera que no sepa de mi inventiva, creerá de su existencia sin dudar de mi palabra. Te lo aseguro. Si no, pregunta a mi gente.

Paso por fases. En algunas he querido casarme. En la mayoría de las veces, no. Sueño más bien con vivir con ella en un piso en Granada, con un gato como mascota y cada uno con sus trabajos y tareas domésticas repartidas por igual, con nuestros ratos de ocio yendo al gym, cada uno practicando lo que le guste. Yo soy de bicicleta estática, máquinas, pesas, elíptica. Ella, depende.

La verdad es que alguna fase he preferido más centrarme en algunos amigos e imaginar mi futuro sin amor, pero sí con algunos de mis amigos compartiendo viajes. Con los que más es con Héctor y con Manu. A veces pienso que me encantaría hacer viajes con ellos y nuestros respectivos padres. Soñar es gratis. Imagino en concreto un viaje a Ibiza con mi padre, mis amigos y sus padres y los amigos de mi padre, todos juntos por la isla, yendo de discoteca y sin niños pequeños por ninguna parte.

La verdad es que el sexo no es un centro de interés de los míos. Hasta ahora no lo ha sido. Pero sí que demuestro la necesidad de compartir con alguien mis días. A veces me gustaría tener novia, otras veces directamente me imagino casado, pero sin boda de por medio. Y algunas, pocas veces, he pensado en celebrar una fiesta a lo grande y casarme como hace mucha gente.

Tampoco hablo en casa de temas relacionados con la sexualidad. Supongo que me es incómodo, como lo sería para cualquier chaval de mi edad hablarlo con su familia.

Mis padres, a partir de mi adolescencia sí estaban preocupados por el tema y no sabían si podrían contar con recursos para abordar el tema.

Recuerdo oírlos hablar con mis tutoras, tanto de mi clase del cole como del instituto. Se hicieron charlas, se abordó como se pudo y debió resultar bastante bien, porque hasta ahora no he tenido ningún problema.

Si hablamos de problemas, imaginamos conflictos con gente, con personas, con el exterior, con el entorno.

Pero nunca pensamos en nuestros problemas internos. Quiero decir, nadie puede saber si tengo un problema con este tema. Si echo en falta poder sentir amor, tener pareja o cómo se encuentra mi cuerpo al no sentir contacto con otra persona. Sabéis de lo que hablo.

¿A que no es lo mismo cuando te pica la espalda y te rascas tú, pero a duras penas, a que te rasque otra persona?

Tampoco es lo mismo cuando te peinas tú a ir la peluquería, ¿verdad?

Pues eso, que no es lo mismo.

Hay que tener mucha valentía para afrontar los cambios que se suceden en tu cuerpo sabiendo que, quizá, nunca puedas compartirlos con otra persona.

Por suerte, sé que puedo hablar con mis padres de sexo, pero probablemente no va a ser suficiente.

No creo que sea suficiente si siento la necesidad y las ganas de conocer chicas, de salir, de quedar, de tener citas, de conquistar. Yo sé que me estás entendiendo.

Pero no me basta con que me entiendas. Yo, lo que necesito es poder vivir como lo haces tú. Yo, lo que quiero es poder elegir si sí o si no quedo y con quién quedo.

El sexo es como una empresa. Tienes que cuidarlo. Y resulta que, en mi caso, y puede que en el tuyo también, mi empresa está sin empleados.

Por ahí dicen que sexo y chispa no es lo mismo.

Yo me sentiría súper feliz solamente con sentir una chispa que fuera compartida, recíproca.

La chispa esa. También la describen como mariposas en el estómago o cosquillas.

No lo sé.

Yo solamente quiero sentir, vivir, disfrutar, ser feliz, seguir riendo a carcajada limpia, como he hecho siempre. Aunque ahora mis risas retumben y resuenen tan alto que a veces asuste hasta al más adulto de todos los adultos.

La verdad es que este paso número 4 quizá es del que menos pueda hablar, por mi escasa experiencia.

Lo que yo pretendo con estos pasos, con estas letras, con este segundo libro tras TEA-DORO es poder TEA-COMPAÑAR y ver que, cuando los niños y niñas con autismo crecemos, también seguimos necesitando muchas cosas de la vida.

Me doy cuenta de la necesidad de crear más programas de intervención dirigidos hacia la educación sexual en personas con discapacidad, porque, aun siendo un tema conocido, es muy relevante y aún se encuentra sin resolver.

Se me ocurre que, seguramente, haya más gente en mi situación. No sé si eso es bueno o es malo.

La sexualidad en las personas con TEA va de la mano de las personas neurotípicas. Es algo clave en el desarrollo hacia una vida adulta, y de todos nosotros depende la ayuda que recibamos para conseguir seguridad y confianza con nuestros cuerpos. Es de gran importancia hacer que nos sintamos independientes a la hora de practicar y conocer nuestra sexualidad de la manera más natural posible. Es aquí donde podemos hablar y hacer hincapié en la importancia del paso anterior, cuando hablaba tanto de mi auto imagen.

Si dejo a mi madre que investigue, encontraría fragmentos como este del autor Rubio que dice así:

La competencia emocional es la capacidad de cada una de las personas para expresarse con total libertad. Referente a esta competencia, es importante recordar que es algo que se puede practicar para mejorar y que se encuentra en la conciencia de cada individuo que la práctica. La competencia emocional que se desea trabajar se ubica dentro de las 5 competencias generales que se utilizan como forma de trabajo con las personas con TEA (Rubio, 2022):

1. Auto-conciencia. Es en esta donde se conocen las emociones que tenemos cada uno, la capacidad de identificación y reconocimiento de las emociones que sentimos en cada momento.

2. Autorregulación o autodominio emocional. Se trata de tener la capacidad de control de los impulsos y respuesta a las actuaciones y situaciones que se dan a lo largo de la vida en períodos de corto plazo.

3. Auto-motivación. Es aquí donde se establecen los objetivos, donde nos ilusionamos y buscamos los recursos necesarios para lograr todo aquello que nos hemos propuesto.

4. Empatía. Poniéndonos en el lugar de otras personas, nos encontramos con la posible certeza de conocer sus sentimientos y la necesidad de entender sus preocupaciones, así como de sentirnos en el lugar en el que estas se encuentran.

5. Fomentar las relaciones. Nos ubicamos aquí con la necesidad de comunicación, de resolver conflictos y de trabajar en equipo. Encontramos uno de los aspectos posibles a trabajar en nuestro proyecto de intervención, lo que denominamos "tener éxito en las relaciones en pareja". Todo esto depende del bienestar de la persona según los patrones marcados por la sociedad.

Me parece genial, pero yo me quedo con lo de compartir la chispa, las mariposas y aficiones.

Solamente te pido que tengas en cuenta que puede ser que, a veces, tenga falta de inhibición o falta de expresión verbal…

Pero, responde, ¿cuántas personas neurotípicas conoces con esas dos faltas? Seguro que podrías nombrar unas pocas, o unas muchas, y no son autistas.

Así que, resumiendo. Lo que nos ayudaría mucho sería dejar los prejuicios aparcados.

PASO 5.
MI CASA, MI TELÉFONO, MI VIDA

Suena a capítulo de ET el extraterreste, ¿a qué sí? Pues no lo es. Soy yo.

Que lo único que le pido a la vida ahora mismo es tener mi propio espacio, mi casa.

Lo que quiero es tener mi propio móvil, que ya lo tengo y lo uso de forma más responsable que muchos otros adultos.

Y lo que deseo es ser dueño de mi propia vida. Pero, no pienses que lo que necesito es que me dejes solo.

No quiero estar solo. Quiero, como muchas otras personas, tener mi espacio, mi autonomía y tu compañía.

Tú respetas mi espacio y yo respeto el tuyo y compartimos el nuestro.

Si hablamos de amor, estaría dispuesto a compartir mi casa, mi teléfono y mi vida entera. Te lo aseguro.

Así que, no, no quiero estar solo. Y si alguna vez quiero estarlo, ten por seguro que te lo diré con franqueza. Y sí, otras personas no son capaces de pedir su espacio. Y otras, ni siquiera se dan cuenta de cuándo necesitan su espacio y acaban haciendo estragos en su vida y en la de sus seres queridos.

Compartir tu vida conmigo será todo un éxito, porque yo nunca te voy a estafar con darte una imagen y una impresión de mí irreal, para convencerte de que te quedes a mi lado.

Yo no hago eso. Ni siquiera lo intentaría. Otros muchos, sí. Que lo he visto.

Mi sueño en este paso es poder tener mi propia casa. No hace falta que sea perfecta. Pero que sea mía. Me gustaría tener un piso para mí. A veces me agobio de estar aquí y me dan ganas de irme a vivir a Granada o a Alicante.

Me pongo como loco a buscar viviendas por las zonas que creo que me podrían venir bien por cercanía a los medios de transporte y servicios, y me siento frustrado, porque veo que parece que nunca llegará mi momento.

Con respecto al teléfono, fue algo que me regalaron y que siempre he usado con mucha responsabilidad.

Fue sorprendente para todos, porque tenían miedo a que lo usara en exceso o de forma inapropiada.

Pues eso, que si me dan la oportunidad de hacer cosas, puedo sorprender de forma muy pero que muy positiva.

Si no me la dan, seré infeliz y nunca sabrán hasta dónde podía llegar.

Confía en mí. Atrévete y la cosecha será mejor que la de muchos neurotípicos.

Cuando era pequeño, desarrollé un poco de obsesión con el tema del tiempo y los horarios. A veces era tanto que me acabé pareciendo al conejo de Alicia en el País de las Maravillas.

Y me parecía tanto que decía las mismas frases:

—Voy a llegar tarde. Sé que voy a llegar tarde.

Podríamos llamar a esta parte La lección del reloj de arena.

La mayor parte de nosotros vamos con prisa a todas partes. He observado en los adultos que es porque nos hemos formado una estructura mental llena de deberes, obligaciones y responsabilidades.

A veces, esto a mí no me sienta nada bien. Pero es que creo que ni a mí, ni a ti ni a nadie.

No sé cómo sería la vida antes, pero ahora estamos llenos de un montón de problemas que solucionar y millones de tensiones que soportar.

No importa lo veloz que sea nuestra vida ni la edad que tengas, creo que vivir así es erróneo.

La única manera de poder relajarse es ver cada una de estas cosas de forma individual, como los granos de arena que caen del reloj.

También podemos imaginarnos que somos máquinas, que está tan de moda. Y a una máquina no le puedes pedir millones de cosas a la vez para ejecutar. Primero le pides una, después otra y así. Intenta pedirle a un ordenador varias órdenes de una vez, a ver qué sucede.

Tampoco somos máquinas. En este paso, en el que parezco un robot. "Mi casa, mi teléfono, mi vida" lo que trato de comunicar es que no somos eso, aunque muchas veces lo parezcamos.

Yo no he visto a ninguna máquina feliz. Por lo menos hasta ahora.

Así que la felicidad es la mejor medicina para "curarnos" de ser robots.

Pero, ¿qué es la felicidad?

La felicidad es un concepto que yo no sabría explicarte. Yo aprendí, con algo de esfuerzo, a decir si estoy contento, triste, nervioso, enfadado, aburrido y cosas por el estilo.

Imagino que la felicidad no es algo que se gana o se merece. Pero es muy necesaria para vivir con salud.

Se trata de un estado mental en el que nuestra cabeza se encuentra agradable la mayor parte del tiempo.

La felicidad se produce en el presente. No debe pensarse en ella para el futuro. Si vivimos ahora con la expectativa de una felicidad en el futuro, nunca seremos felices ahora.

Yo tengo que aprender eso. Porque siempre me ha pasado eso de… cuando sea mayor, cuando tenga los dieciocho…Y, así, luego podemos vivir desilusionados esperando y esperando.

Hay personas que piensan que serán felices cuando se casen; otros cuando consigan un mejor empleo o hayan pagado una casa…

La felicidad es un hábito mental, una actitud. Si no aprendemos esto y lo practicamos en el presente, nunca llegaremos a experimentarla.

Por ahí he escuchado que dicen que la mayoría de las personas son tan felices como quieren serlo mentalmente. Creo que lo dijo Abraham Lincoln antes que nadie.

Entonces imagino que se produce por la idea, los pensamientos y las actitudes que pueden desarrollarse y formarse de nuestra propia actividad.

Yo, por ejemplo, suelo reaccionar a los pequeños disgustos, a las frustraciones, con insatisfacción, tristeza e irritabilidad. ¿Y tú?

Supongo que es lo que hemos aprendido de forma natural.

Es difícil cambiar esto. Creo que la única forma es dejar de centrarse en las cosas que te hagan andar confuso alrededor de lo que quieres o debes hacer.

Luego hay un dicho que mi madre intenta recordar a menudo. Creo que era de Epíteto y decía algo así como que los hombres se inquietan y perturban, no por las cosas que le suceden, sino por la opinión que tienen de las cosas que les ocurren.

Al final, se trata de una actitud hacia la felicidad.

Podríamos pensar que es como practicar un deporte. Hay que practicar la elaboración sana de pensamientos.

Y así, a lo mejor, podríamos lograr estar bien en cualquier lugar.

Una cosa que también hacemos en mi casa es dejar de ver la televisión cuando resulta que todo, las noticias, los programas de actualidad, etc., nos mandan información de ideas destructivas y así focalizamos en ideas más positivas.

Seguramente así conseguiremos que se produzcan cambios externos en nuestras vidas.

A través de la transformación de nuestra manera de pensar.

Ese cambio interno no nos va a sorprender más que los cambios externos, porque no se ven fuera y, por lo tanto, no hay tantas opiniones.

Para conseguir este paso tan importante que es tener mi casa, mi vida, tengo que ser feliz ahora.

Para ser feliz ahora también es importante conseguir aquel paso anterior en el que hablaba de mi autoimagen.

Nuestra imagen y hábitos están relacionados entre sí.

Cuando conscientemente mejoramos nuestros hábitos, nuestra autoimagen se transforma para experimentar nuestra nueva personalidad.

Mi siguiente reto es hacer deporte y adelgazar, asunto difícil cuando en los gimnasios de ahora hay un grupo numeroso de "chulitos y chulitas" que se dedican a grabarse todo emperifollados, más arreglados para la ocasión que si fuera Nochevieja.

No me gustan los deportes de balón, no soy competitivo, pero me gustan las actividades grupales.

¿Ves cómo es un asunto difícil? He probado mil cosas. Se me daba bien ir en bici, pero mi barrio se llenó de tanta gente que perdí el hábito y ahora me da miedo por la cantidad de vehículos y peatones, patinetes, etc.

Patinaba súper bien y en línea, pero me hice un esguince de tobillo y me dio luego miedo volver a caerme.

La natación no se me da nada mal, pero me aburro por ser algo en lo que, mientras nado, no puedo estar con gente. Además, no me gustan los horarios que tenemos los de adaptada para poder entrenar, y los ratos de frío cuando hay que madrugar en pleno invierno para llegar a tiempo al sitio al que hay que competir. Tampoco me lo paso bien esperando sentado entre nado y nado, en bañador, mojado y con el gorro apretando. Más si todo esto es un sábado o domingo a las tres de la tarde y tengo que comer poco y a las doce para luego poder competir. La verdad, eso no me gusta.

El aikido no se me daba mal, pero la interacción con el compañero no siempre es fácil cuando hablamos de energía, su intercambio. Podría haber seguido, pero, aun así, seguía necesitando una actividad que me ayudara a mantenerme en forma y a mantener a raya a mis hormonas de adolescente. Seguro que entiendes lo que digo.

En definitiva, lo que busco es lo que todos. O lo que todos deberíamos hacer.

Buscamos mejorar, ser mejores personas, perfeccionarnos para ello. Ser tu viva imagen del éxito.

Somos como una bicicleta; la que me han traído de regalo estas navidades. La mía es plegable para poder adaptarse a cualquier situación. Y eso es justo lo que yo soy. Tengo que adaptarme continuamente a todas las situaciones, hasta la más cotidiana.

Entonces decía que somos como una bicicleta: se mantiene en equilibrio si la llevas hacia algún lugar. Si no sabes hacia dónde vas, la bicicleta pierde el equilibrio. Lo que sería igual a llenarnos entonces de confusiones.

Conclusión: Busca un objetivo que valga la pena alcanzar. Busca un destino para tu bicicleta. Algo que te lleve siempre hacia adelante.

PASO 6.
VIAJAR SOLO

Conecto lo de la bicicleta con este paso que tanto me gusta.

Desde antes de nacer, mis padres me han hecho viajar mucho. No han sido grandes distancias a sitios exóticos que ahora se llevan tanto, pero os puedo asegurar que he viajado muchísimo y viajes bastante largos.

Muy temprano se dieron cuenta de todo lo que yo aprendía y avanzaba viajando.

La verdad es que, después de probar todas las terapias que se iban encontrando por el camino, cayeron en la cuenta de que, en cada viaje, avanzaba mucho, tanto en autonomía como en comunicación. Por no hablar de la gran sorpresa que di cuando se percataron de mi sentido de la orientación. Parecía el niño brújula, pero, claro, como nunca me dieron la oportunidad de desplazarme solo por los sitios...

Las primeras oportunidades para poder demostrar que tenía mapas en mi cabeza fueron a la edad de cinco años aproximadamente.

Iba paseando por Barcelona centro por primera vez y, en la segunda vuelta, sabía perfectamente dirigirme a las calles que llevaban a las bocas de metro y empecé a aprenderme las líneas de metro y sus nombres.

En otra ocasión fue por Benidorm. Mi primera vez allí fue que iba caminando y vi un salón de recreativos que me encantó.

Me aprendí la dirección exacta y la forma de llegar. Mi madre se dio cuenta y me dejó ir un paso delante de ella para ver si tenía un destino fijo al que ir. Efectivamente, lo tenía, muy claro y sin dudas.

Mi madre pensó que era una pena no haberse dado cuenta antes de ello, pero más pena le dio el hecho de no poder sacarle partido esta virtud.

Ella no sabía cómo poder aprovechar algo así y fue una de tantas veces en las que se sintió con impotencia a la vez que orgullosa de mí. Menuda mezcla de emociones.

Yo, en cambio, me sentía feliz de saber llegar a los sitios. Aunque es verdad que, a veces, me sentía atrapado al no querer soltarme y dejarme ir a los sitios.

Cuando me hice mayor, iba reivindicando el poder viajar solo. No lo he conseguido a día de hoy. Lo sigo intentando.

Mientras tanto, tengo que decir que he seguido viajando acompañado. Que he ido a mil excursiones cortas, medias y largas, viajes familiares y viajes escolares. Muchos.

Que es de las cosas que más me han ayudado a ser autónomo y a sentirme mejor conmigo mismo.

Que me siento enormemente agradecido a mis padres y, después, a mis profes y compañeros, de la confianza depositada en mí.

Ahora me siento súper seguro de que puedo ir a donde haga falta. Mis viajes han sido todos una gran aventura y nunca han sido aburridos. Eso lo puedo asegurar.

Os cuento que podéis contar conmigo para cualquier viaje. Soy experto en improvisación, hacer maletas rápido y adaptarme a lo que haga falta.

Tengo mis cosillas, imagino como todo el mundo. No voy sin mi portátil, la verdad, salvo en los viajes colectivos grupales con los centros educativos, pero entonces he necesitado saber que llevaré mi teléfono móvil, aunque sea a alguna hora concreta en la que pueda relajarme para ver las cosas que me gustan. ¿Por qué? Pues es muy fácil de entender. Ya verás.

Piensa que las conversaciones entre tus compañeros de viaje sean difíciles de seguir, que tengas dificultad en entenderlas, o que vayan a una velocidad que no es la que tú puedes seguir o que, a veces, parece que hablaran en un idioma que desconoces completamente. ¿Qué harías?

Pues eso, necesito momentos de desconexión, o, mejor dicho, de conectar conmigo mismo.

Entonces, es lo único que pido. ¡Ah! Y una cosa muy importante: la comida. Puedo hacer la ruta gastronómica que tú quieras, pero no me obligues a probarlo todo. O me bloquearé y no querré comer nada.

Pienso que estamos de vacaciones y necesito disfrutar. Para mí, la comida es un elemento más de disfrute, no sé comer por comer. Entonces necesito disfrutarla, sentirla y vivirla.

Es verdad que tengo limitaciones con la comida, pero ahora ya estoy más abierto a probar cosas nuevas. Me cuesta sudor y lágrimas adaptarme a texturas nuevas. Yo lo intento si tú, a cambio, me ofreces un buen menú de lo que a mí me gusta.

Me encantaría seguir viajando, si no puedo solo, pues acompañado. Aunque no renuncio a hacer algún día, un viaje solito.

¿Qué destinos son tus favoritos? Yo, la verdad es que voy cambiando de intereses, aunque cuando me da por algo, puedo ser muy persistente y hasta pesado. Lo reconozco.

Ahora llevo unos años diciendo que quiero ir a Madrid, pero, en concreto, a los estudios de grabación de A3Media Player. Y nadie me hace caso. Solamente quiero entrar para llevarles mi propuesta de programación adaptada a lo que considero que podría gustarle a la gente que es como yo. Se trata de una programación diaria con sus horarios definidos, basada en un programa musical que he nombrado Súper Disco y, después, unos programas de entretenimiento. Pero mi madre no me lleva. El problema es que ha de ser en horario laboral y Almería, ya sabéis cómo anda de transportes para viajar. Está fatal.

Espero conseguirlo y que me dejaran entrar en las instalaciones. A veces he mandado algún mensaje por internet y alguna vez me han contestado que tendrán en cuenta mi petición. Sigo esperando mi oportunidad.

Otra cosa que quiero conseguir es realizar un viaje a Ibiza con mi padre y amigos, sin niños, y salir a cenar fuera para luego salir a tomar algo en la discoteca Pachá. Tampoco lo he logrado aún.

Mil viajes me gustaría hacer, y creo que tampoco pido tanto.

Los que me conocéis, sabéis que mi historia con las motos siempre ha sido una relación de amor odio complicada. Me encantan las motos de gran cilindrada, de siempre.

Sin embargo, el ruido desagradable del motor de las motos pequeñas me destroza el oído y la cabeza.

Con el tiempo, he ido regulando este tema, pero he sufrido muchísimo.

Recuerdo muy bien cuando era pequeño y había un grupo de "moteros" desagradable. Moteros entre comillas, por darles algún nombre. Conozco algo el mundo del motor y un motero de verdad no se presta a hacer esas tonterías.

Como iba contando. Recuerdo que hubo una temporada en la que había dos "no adultos" que se pasaban el día entero subiendo y bajando mi calle en dirección contraria, incluso por la acera a veces, haciendo un ruido horrible, y así estaban todo el día y toda la noche. Está claro que no trabajaban y, además, les gustaba molestar.

Yo lloraba y lloraba. Gritaba, a veces salía a la calle detrás, me tiraba al suelo, me mordía las manos y los brazos.

Mi madre intentaba calmarme como podía. Llamaba a la policía, pero la situación iba cada vez a peor.

Al final, mi madre empezó a salir a la carretera para ver quién era. Les pedía por favor que parasen, pero eran malos gestos, sin casco y a gran velocidad y en dirección contraria.

Ellos, al ver que molestaban, lo repetían más y más y provocaban.

Mi madre, al final los grabó, les hizo fotos, tapó la matrícula y la cara porque, claro, encima hay que proteger la identidad de estas "personas".

Volvió a llamar a la policía y les dijo que ya tenía las pruebas y sabía quiénes eran.

Pero no se solucionó. Así que optó por seguir intentando salvarme de aquel infierno.

Además, recuerdo bien que mi hermano era muy pequeño y no podía tampoco dormir ni estar jugando en el jardín de casa por la situación.

Decidida, publicó las imágenes en un grupo de Facebook muy famoso de nuestra localidad.

El asunto fue inmediato. Miles de comentarios, sorprendentes con una falta de incomprensión alucinante, donde nos invitaban a irnos a un cortijo en mitad del desierto para que así no nos molestara nada y cosas por el estilo.

El debate estaba servido. En ese momento, mi madre aprendió varias cosas.

La cobardía de la mayoría. Ya que fueron muchos los que le escribieron por privado para darle la razón.

La falta de empatía y ciudadanía con respecto a otro ser humano, siendo mayor esta con los animales. Ojalá que se extienda la misma "sensibilidad" al prójimo que al mundo animal.

La poca intervención policial en esa situación.

Y la poca responsabilidad como adultos que eran los culpables de esa situación. Tanto ellos como sus padres.

Una de las madres consiguió el teléfono de mi madre y sus redes sociales, a través de ellas contactó pidiéndole a mi madre que, por favor, retirase la publicación de Facebook, porque ya "el niño" había tenido otros problemas y podía suponerle otro más.

Pero el asunto no quedó ahí, porque "el niño" tuvo el atrevimiento de buscar nuestra casa, llamar a la puerta y pedirle en persona que retirase la publicación, que lo sentía, pero, sobre todo, que eliminara el escrito.

Imagina la perplejidad de mi madre, que no quiso abrirle la puerta a un completamente desconocido que llevaba torturándome gratuitamente durante meses y jamás mostró el mínimo arrepentimiento hasta que vio amenazada su "imagen" pública.

En aquel momento aprendimos que no todas personas merecen ser humanos y que no todos los humanos tienen humanidad.

Otra cosa que aprendimos es que no todos los que dicen ser adultos, deberían serlo, y que las leyes no funcionan como debieran.

Aprendimos la importancia del lugar en el cual decidas vivir, dejando de lado las modas por los sitios, las apariencias y las posiciones sociales.

Aprendimos que hay gente con mucho dinero que necesita viajar más y gente que viaja mucho y no aprende una mierda de cada viaje, porque son incapaces de ver más allá de su ombligo.

Aprendimos que nosotros amamos a los animales, pero que ahora está de moda protegerlos más que al resto del universo de una manera enfermiza.

Judith, como la he llamado durante toda mi infancia, aprendió que haría todo lo que estuviera en su mano para salvarme de las injusticias sin miedo y sin importarle absolutamente las consecuencias.

Aprendió, una vez más, que le importa cero patatero lo que el resto del mundo opine, diga, critique, juzgue e incluso amenace.

Ahora sabe, con certeza, que no hay nada ni nadie en este mundo, y puede que, en otros, que pueda pararle en lo que respecta a mi vida y a lo que merezco.

Sabe que siempre tendrá en cuenta no hacer daño a nadie, aunque también sabe que, si las heridas van hacia mí y es a propósito, no va a pestañear ni un segundo en actuar, por muy reflexiva que ella sea.

Sabe que va a actuar siempre desde la consciencia, pero va a actuar, sea el contexto que sea y el tiempo que sea.

Hoy sabemos que viajar debería ser obligatorio para todo el mundo.

Viajar en todos los sentidos. Sobre todo, en el más profundo de todos ellos. Viajar hacia tu interior y poder ver el exterior de forma clara, abierta, saber que no vives sólo. Saber que debemos aprender a convivir. Aprende.

PASO 7.
CONFÍA EN MÍ

Después de los siete pasos que hemos dado juntos. Me gustaría hacerte una pregunta. ¿Confiarías en mí? No para viajar al fin del mundo quizás, pero, quizá para pasar unas vacaciones, una semana por ahí... No sé, yo lo haría. ¿Tú?

Hemos caminado desde la portada, pasando por la introducción, dando siete pasos bastante importantes. ¿Tú cómo lo ves?

Necesito que creas en mí, si no hay reciprocidad, no puedo seguir dando pasos, no puedo seguir caminando, no podré seguir avanzando, no podré aportar como adulto en esta sociedad, no podré colaborar. ¿En qué me convertiré entonces?

No dejes que eso ocurra. Aprovecha mis virtudes y yo sacaré el mayor partido a todo y más. Confía en mí.

En muchas ocasiones, yo sé que os puede más el miedo que otra cosa, pero imaginaos cómo me puedo sentir pensando que o tenéis miedo a lo que pueda o no pueda hacer o directamente me tenéis miedo a mí.

Es bastante duro y muy difícil de gestionar.

¿Cómo lo llevarías tú?

La confianza es algo que se gana. Eso es cierto. Te aseguro que cada día me esfuerzo para ganarme la confianza de mis maestros, mis familiares, mis compañeros, mis amistades, las pocas que tenga, mis vecinos, mi peluquero, mi médico, mi dentista, etc., etc., etc.

Confiar en estos tiempos tampoco es fácil. Vivimos en un entorno en el que se ha puesto de moda expresar emociones a diestro y siniestro, haciendo alarde de sinceridad.

Y resulta que ahora ya vamos diciendo "te quieros" y dando abrazos sin sentirlo realmente. Yo no entiendo mucho de este tema, la verdad. Lo que sí sé es que no es nada fácil para mí identificar lo que es sincero de lo que no hoy en día.

No es que quiera vivir en un contexto frio de represión en el que las emociones son reprimidas y ocultas. Tampoco eso nos hace ningún bien ni a los que tenemos autismo ni a los que tenéis otro tipo de cosas. Porque en mis años, que ya no son tan pocos, he podido comprobar que nadie está exento y que nuestro mundo interior es tan grande y complejo que aún sigue siendo desconocido.

Siendo esto así, si confías en un neurotípico, ¿por qué no puedes confiar en mí?

Lo que yo necesito, por ahora, es que, por lo menos mis seres queridos más cercanos, piensen que puedo lograr lo que me propongo.

Ya bastante complicado es para mí desenvolverme en un mundo que no me lo ha puesto fácil, creo que nunca, desde que puedo recordar. Supongo que antes también, por lo que he escuchado de mi pasado más lejano.

Cuando digo que confíes en mí, me refiero a temas como:

- Que mi madre me dejara ir al gym a mí solo. Rellenar un formulario para inscribirme y empezar como cualquiera.

- Que mi padre me dejara subirme en su moto de copiloto detrás con todos los accesorios y vestuario.

- Que me dejaran ir de tiendas completamente solo.

- Que pudiera tener una cita con una chica sin acompañantes.

- Que me dejaran tener una app para conocer gente y después surgiera algo más.

- Que me dieran mi tarjeta de crédito para mí sólo.

- Que pudiera vivir por mi cuenta en un piso.

- Que me dieran un trabajo.

- Que me dejaran sacarme el carnet de conducir.

- Que mis padres no tuvieran miedo a morir por pensar que no soy capaz de existir sin ellos.

Son básicamente estas diez cositas las que yo sueño alcanzar. De esa lista, ¿cuántas has logrado tú? ¿Cuánto tiempo te ha costado conseguirlas?

¿De qué forma me aconsejas que puedo alcanzarlas?

El hecho de hallar respuestas a estas preguntas ya me estaría ayudando y dando esa confianza que quiero conseguir.

Ya no sé si eso es fácil o difícil. Es mi tarea y tengo que llevarla a la práctica.

Tampoco sé por dónde empezar.

Imagino que partiendo de la misma base de siempre. Esa base, al final siempre suele nacer del mismo lugar. Es mi madre la que me busca las herramientas y se arriesga para conseguir que yo vaya alcanzando los pasos, de momento llevamos siete.

La base de la que hablo, definitivamente es CONFIANZA, es arriesgarse a dejarme hacer, a respetar mis decisiones, a observar mis errores, dejarme darme cuenta de ellos e intervenir después, no antes.

Para CONSEGUIR esta base hace falta que esa persona se atreva, sea un poquito valiente y quiera ser culpable o responsable de lo que después pueda acontecer.

Hace falta una persona que esté dispuesta a ser criticada de forma permanente, haga lo que haga.

Se necesita una persona insoportable, porque sabes que nunca se va a rendir.

Necesitarás una persona que sea incansable en ese aspecto y que quiera siempre probar y probar y no le importe cambiar y arriesgarse hasta acertar.

Lógicamente, cuantas más personas sean así, mejores y mayores pasos podemos dar las personas con TEA.

Yo no cuento con muchas bases de esas, pero las pocas que tengo son fuertes, sólidas y permanentes. Es cierto que al llevar tanto peso… pasa como en todo.

Si la base de cualquier cosa en vez de ser amplia y repartida en varios soportes es una y en un puesto fijo, la estructura se resiente más y la base resulta más dañada.

¿Has entendido la metáfora? Porque está bien definida. Necesito que confíes en mí, pero no solamente que me lo digas.

Necesito una base de verdad. Una base sobre la que construir toda mi estructura.

Tengo los planos, tengo el terreno, tengo el diseño. Yo soy mi propio arquitecto.

Pero necesito mis bases, mis pilares, la estructura sobre la que seguir poniendo mis ladrillos, uno a uno, paso a paso.

No soy albañil, pero sé que, sin eso, nada va a ser levantado del suelo por mucho tiempo.

¿Tú cómo lo ves?

También creo que, para que haya confianza, debe haber comprensión.

El sentido de una buena comprensión depende de una buena comunicación.

Si la comunicación, como es mi caso y el de otros muchos, se ve alterada, ¿cómo lo hacemos?

La comunicación es vital.

Para que podamos solventar cualquier problema real, tenemos que disponer de una ligera comprensión acerca de nosotros mismos.

La mayor parte de los fracasos en las relaciones humanas vienen de conceptos erróneos que tenemos.

Siempre esperamos que otras personas reaccionen, respondan y lleguen a idénticas conclusiones que nosotros.

La realidad es que nadie reacciona a las cosas de igual forma, sino como a sus propias imágenes mentales.

Muchas veces, estas reacciones no son hechas a conciencia para hacernos daño ni por cabezonería, sino porque esas personas comprenden e interpretan las situaciones de manera distinta a la nuestra.

Responde apropiadamente a lo que le parece la verdad.

La confianza que otorguemos con respecto a la sinceridad de las otras personas puede ayudar a mejorar la comprensión entre las personas.

Supongo que lo que debemos hacer para conseguir confianza es tratar de ver la verdad sin deformar la información, mezclarla con nuestros temores, ansiedad o deseos.

Debemos ser capaces de ver la verdad, tanto si es buena como si es mala.

Esto es muy complicado para todo el mundo. No solamente para mí.

Nos cuesta admitir nuestros propios errores, a unos más que a otros.

También nos cuesta aceptar que una situación no es como nos gustaría que fuera.

Después ocurre que mantenemos siempre rasgos infantiles nuestros que nos acompañaron en momentos cruciales y nos "sirvieron" para resolver situaciones.

No importa quién tiene razón, sino lo que está bien.

Pero no se trata solamente de comprensión y comunicación. Hace falta también tiene valor. El valor de actuar.

El valor de apostar por ti mismo y, después, podrás apostar por mí.

Un paso en la dirección errónea vale más que quedarse parado en el mismo punto toda tu vida.

Las personas con éxito siempre tienen en cuenta con interés lo que concierne al resto a su alrededor.

Respetan sus problemas y necesidades, tanto de los seres conocidos como de las personas ajenas.

Sí, se llama RESPETO.

Está claro que uno es afuera como es consigo mismo hacia dentro.

Es un hecho que nuestros sentimientos acerca de nosotros tienden a corresponder con lo que observamos hacia las otras personas.

La persona que cree que el resto no es importante no puede tener consideración con el resto, no sabe lo que es la caridad y, por tanto, al final se juzgará a sí mismo de la misma manera. ¿No?

La gente es importante. Los seres humanos somos importantes. No somos máquinas.

Así que, creo que para que todos tengamos confianza, debemos cultivar un aprecio por las personas como seres únicos y especiales.

También pienso que debemos tratar de evitar juzgar sus sentimientos, pensamientos, puntos de vista, deseos.

Si estás leyendo esto y me conoces, sabrás que yo practico esto bastante mejor que la mayoría. No me dirás que no es verdad.

Otro asunto importante para la confianza es la autoestima.

Tener una autoestima baja es la peor trampa de todas para la confianza.

Debemos entender que tener una baja opinión de nosotros mismos es un defecto muy negativo.

Eso conlleva multitud de problemas, como, por ejemplo, los celos.

Una persona que posee una adecuada autoestima no cree que tenga que comprobar nada, y tampoco implora la compasión ni la atención de nadie.

Hay que tener una buena autoimagen, que decía en el paso ese. No podemos sentirnos como un ser sin valor. No pienses nunca que eres el sujeto de todas las injusticias.

Creo que el mayor secreto para superar esto es mostrar un respeto al ser humano.

Así tendremos más autoconfianza.

Es verdad que la confianza muchas veces la da la experiencia del éxito.

Cuando iniciamos un proyecto y nos sale bien, tenemos éxito, ganamos en confianza.

El éxito conduce al éxito. Por muy pequeño que éste sea.

Una cosa muy útil que a mí me sirve mucho es el hábito de recordar los éxitos del pasado e intentar olvidar los fracasos. Eso ya es más difícil para mí.

Mi madre ganó en confianza con mi existencia. Al revés de lo que podrían pensar muchas personas.

Realmente ella se hizo más valiente, más fuerte, más exitosa.

También más vulnerable, más sensible, más empática.

Ella, conforme iban sucediendo cosas desde "nuestro embarazo", fue adaptándose muy rápido a las nuevas situaciones.

Se perdía en los detalles, había muchas cosas que no le encajaban, pero jamás se rindió, ni se paralizó. Nunca se sintió cobarde, pero sí con miedo.

En muchas ocasiones perdió la confianza. Sintió tambalearse también sus bases, por no encontrar éxito en lo que pensaba que sería lo mejor para mí.

En cambio, no se rindió, no se quedó sentada a esperar ni a pensar lo injusta que estaba siendo la vida con ella.

Porque vio que así no alcanzaríamos el éxito.

¡Superó complejos, miedos, temores, inseguridades, riesgos, errores y alcanzamos el éxito muchas veces!

Conseguimos el éxito en conseguir hacerme hablar por primera vez. Anécdota graciosa que contaremos en algún evento y presentación de este libro.

Conseguimos patinar en línea, montar en bici sin ruedines desde Aguadulce hasta la Urba y por todo el Delta del Ebro, Benidorm y lo que hiciera falta.

Logramos hacer rutas largas de senderismo.

Conseguí nadar en todas las modalidades conocidas.

Logré bucear, hacer surf, kayak, remo, bailar, cantar, pronunciar y leer discursos en público.

Conseguí asistir a eventos grandes, con muchas personas, vestir elegante, no perder los nervios cuando los ruidos me destrozaban la cabeza…

Logré leer con una comprensión bastante importante.

Conseguí graduarme en primaria y en secundaria por modalidad específica, eso sí.

Logré títulos de cocinero asistiendo a cursos, trabajar en huertos e invernaderos escolares.

Participé en proyectos y viajes de estudios, actividades deportivas, ir al peluquero por mi cuenta y pagar con mi dinero.

Conseguí ir al autobús del instituto y volver, usar mi propio teléfono de forma apropiada y tener mis propias llaves de casa.

Conseguí identificar el dolor ajeno, la tristeza en los demás, sentir y ponerme en su lugar, hasta más que un neurotípico.

Logré sentir amor, expresarlo, verbalizarlo y comunicar mis sentimientos de muchas formas.

Todo esto y mucho más es lo que juntos hemos conseguido, y eso define la palabra ÉXITO CON MAYÚSCULAS.

PASO 8.
QUIERO TRABAJAR

Este paso me va a encantar hablarlo con vosotros. Es de mis favoritos. Llevo toda mi vida planeando este paso.

Es cierto que he ido cambiando de puestos de trabajo, pero lo importante son mis ganas de querer trabajar, que no tanto de estudiar.

He pasado por muchos oficios imaginarios en mi futuro soñado.

Desde querer ser camarero, cocinero, conserje, contable, informático, motero, administrativo, conductor de autobuses, de trenes, de camiones, taxista, estudiante de informática en la universidad, coctelero, chico de los recados de cualquier empresa que me guste y haga seguimiento... Y así, puedo seguir sumando.

La verdad es que es algo que siempre me ha preocupado. Más de lo normal y desde muy temprana edad.

Este fin de semana he pensado que me gustaría ser conserje de un colegio de la Xunta de Galicia.

He estado investigando sobre la zona, el centro y cómo van las cosas en el mundo de la educación pública por allí. No sé, lo he pensado y se me ha ocurrido a mí solo todo.

Después, le he enviado a mi madre unos mensajes con mi decisión y un enlace.

Así, vía WhatsApp. No sabe ella muy bien qué habré liado.

Ya que muchas veces me he registrado en páginas web, enviado solicitudes de contacto, reservado pruebas de conducción de coches, etcétera…

También estoy pensando que puedo ser conserje temporal allí y, mientras, busco la wifi de educación de la Xunta de Galicia.

Al mismo tiempo, me encantaría poder irme de Erasmus a unas escuelas en Ámsterdam. Algo que he estado mirando y que también se lo he comentado a mi madre, así por encima.

Como ves, a mí ideas no me faltan, iniciativa menos. Lo que no tengo son personas que me digan que síííííííí.

Yo quiero trabajar, aprender, sentirme útil, madrugar, usar transporte público, privado, llegar tarde o temprano a casa. Lo que sea, pero necesito trabajar.

Mi comportamiento a veces puede resultar extraño, porque muevo el cuerpo de maneras inusuales, de manera puntual, agito las manos y repito temas sobre programación de TV, pero tengo muchas más ganas de trabajar que la mayoría de los adolescentes en la actualidad.

Las personas con autismo mejoramos mucho sabiendo que contamos con la confianza y el apoyo de otras personas. Imagino que como tú y cualquiera.

Se dice que necesitamos tener una rutina diaria y que eso es increíblemente beneficioso.

Pues yo tengo la suerte de que me adapto a esas rutinas, pero, además, también acepto los cambios sin dificultad.

Podría trabajar en muchísimas cosas. En cambio, me siento bastante etiquetado. Como si llevara un post-it en la frente, uno bien grande de color fluorescente que hace que nadie quiera mirar más allá. Y no es justo.

Necesito sentirme valorado.

Cuando eres niño, necesitas poder ir al colegio y poder estar en clase, en el recreo, en las excursiones, actividades complementarias y deportivas.

Esas cosas comunes que la mayoría de niños tienen, a mí me ha costado más esfuerzo y he estado siempre bajo condiciones y siendo muy observado y puesto a prueba para poder acceder a ellas.

Hoy por hoy, veo que sigo igual. Y soy tan consciente de ello que a veces paso por momentos duros.

¿De qué momentos hablo?

Pues hablo de situaciones en las que he deseado no ser cómo soy, ni quién soy.

Hablo de momentos en los que he pedido a Dios, a mi madre, a quién hiciera falta, dejar de tener autismo.

Hablo de días en los que he llorado, sufrido ansiedad, rabia, ira, impotencia, porque quería que alguien me dijera el día que mi autismo iba a desaparecer.

Digo que he tenido días en los que he suplicado que me dijeran cuándo me iban a poner por escrito un certificado de 0% discapacidad.

Reconozco que he tenido días en los que no he podido comprender por qué yo, por qué a mí.

Te cuento que hay días que habría estado dispuesto a hacer cualquier esfuerzo, cosa, lo que fuera por no tener una documentación en la que dice que yo tengo autismo.

Y que, desde que existen esos papeles, nunca me han dejado ser yo y acceder libremente a lo que haya necesitado o querido.

Es así como me siento muchas veces. Porque soy consciente de cómo está organizada la sociedad. Y esto, es muy duro.

Aun así, soy fuerte. Mucho. Quizá más que muchas personas. Y no me rindo. Sigo esperando y tengo una fe que mueve montañas.

Y sé que vendrán sorpresas, momentos, personas, situaciones y oportunidades que me "arranquen" el post- it de la frente. Lo sé.

Sé que se van a abrir nuevos caminos para mí. Sé que podré vivir mil aventuras y seguir saltando al vacío como en el primer paso de este libro.

Lo sé. Sé que cuando lleguen esos momentos, me lanzará sin miedo y con mucha fuerza.

Y seré más feliz que nadie. Porque yo quiero vivir con plenitud. Quiero vivir con unas ganas que poca gente tiene.

Ahora estoy creciendo en todos los aspectos, muy rápido, y no quiero parar de hacerlo.

Sé que hay personas llenas de amor, como yo, que me van a ofrecer la oportunidad de salir de esos bloqueos y que no piensen en qué puedo tener en mi frente.

Sigo creyendo que hay gente que me hará recuperar mis sueños y me darán la oportunidad de demostrar lo que valgo y lo que soy capaz de dar y entregar.

Sé que habrá personas maravillosas que me dejarán perseguir mis sueños, y sé que recibirán a cambio de mí momentos que no han vivido nunca en su vida y se alegrarán de poder vivir a mi lado e, incluso, descubrir sueños que no sabían que tenían.

Es como si lo viera ya. Por eso no me rindo. Por eso no me canso de visualizar. Por eso no me canso de brillar y de ser vital cada día, siendo consciente de mi situación.

Yo lo veo. Lo veo tan claro... Me veo con un uniforme, con traje, con corbata, maletín, con delantal de cocinero.

Me veo. Si yo me veo, hay personas que también me podrán ver. Y eso es lo que hará que yo pueda ir creciendo, tomando impulso para llegar a ser el adulto que quiero y puedo ser.

Podré vivir nuevos momentos que no sean inventados. Haré las cosas bien, aprendiendo muy bien de los errores del pasado. He aprendido mucho de ellos.

Yo me he transformado desde pequeño hasta ahora para lograr ser quién soy.

Soy real, existo porque me he enfrentado a muchas dificultades.

Sé que soy muy especial y, por eso mismo, me aferro con fuerza a vivir mi vida. Es mía y no tengo otra. Me hago responsable de ella.

Sé que voy a encontrar personas que, al final, serán mucho más parecidas a mí de lo que se creen. Que ellos no tengan nada en la frente, no quiere decir que no tengan más cosas en común conmigo.

Sé que les voy a enseñar mucho y que, a veces sin hablar, solo con mirarnos a los ojos, sabremos aprendernos y crecer mucho.

Todo esto hará que podamos vivir una vida intensa, mágica, llena de sorpresas, de energía limpia y diferente.

Una vida tan llena y plena que, después, no podrías volver a tu vida anterior.

Dame esa oportunidad y trabajaremos juntos, sintiendo lo que es vivir la vida y no pasar por ella de puntillas.

PASO 9.
AMOR

Es de las palabras más bonitas que existen. Así, corta, con fuerza y real.

El amor es algo que nunca me ha costado sentir ni expresar.

A lo mejor no he sido muy diestro con según qué personas, pero siempre, siempre, lo he sentido desde que existo y también he buscado y he encontrado millones de formas para expresarlo.

Lo que es cierto es que el amor se transforma con la edad. Y no es lo mismo sentir amor cuando eres bebé, luego, niño, después adolescente, más tarde adulto y finalmente anciano.

Es un sentimiento cargado de energía, con mucha fuerza, y necesario e imprescindible para vivir.

Anoto, para vivir bien. Así que, para VIVIR. El resto, sería pasar por la vida, ya que estamos en este mundo.

El amor tiene tanta fuerza que es capaz de afectarnos en nuestra esencia como seres sintientes.

Cuando sufrimos dolor, sufrimiento, el amor se ve resentido y hace que nuestra salud se perjudique.

Y, a la inversa, si sentimos un profundo amor, el dolor y el sufrimiento se ve reducido.

Yo no sé explicarlo, pero sé que soy mucho más feliz cuando me dejan sentir amor.

Cuando encuentro personas con resentimiento, sufrimiento, es como si estuviera un poco o un muy enferma.

Las personas que logramos pasar la mayoría del tiempo sintiendo amor, de cualquier tipo, conseguimos ser más felices, y eso afecta a nuestra salud.

La gente que consigue estar mucho tiempo en la bondad, en sentimientos de generosidad, de compartir, de emociones positivas, es feliz.

Muchas personas están enfermas por falta de amor.

Hay estudios médicos que lo demuestran. Existen muchos pacientes que solo hablan de dolor, de frustración, de sufrimiento, de rencor. Viven carentes de amor.

Las personas que están enfermas y sufren dolor, tienden a tener pensamientos negativos y eso les hace más difícil recuperar su salud.

Ahora está de moda decir que eso significa estar en vibración baja. Puede ser. Yo, precisamente, tengo mucha sensibilidad y me detengo en detalles como escuchar la entonación de voz, respiración de las personas.

He pasado por rachas en las que sentía la necesidad de colocar mi oído en la espalda de mis seres queridos mientras tenían conversaciones con otras personas.

Puede ser que me llame la atención reconocer esas "vibraciones" cuando las personas que conozco súper bien están interactuando con los demás.

Recuerdo que, de pequeño, me pusieron el apodo de "osito amoroso" en el colegio. Por algo sería. Yo siempre he sido muy cariñoso. Los abrazos me hacen sentir mejor desde siempre. No es algo aprendido después de forma artificial. Nací así.

Creo que tengo una intuición muy buena con respecto a este paso, EL AMOR.

No recuerdo si alguna vez habré sentido sentimientos de envidia, rencor, venganza, odio o incluso celos.

Mi madre siente un amor incondicional hacia mí y sé que, entre otras cosas, es por mi forma de ser y mi carencia de esos sentimientos negativos.

Ella piensa que deberíamos ser todos así, que seríamos todos más felices y que viviríamos mucho más sanos durante mucho tiempo.

Tengo mucho que aprender y mucho que enseñar.

Mi capacidad de olvidar el daño que me hayan hecho es proporcional a mi habilidad de dar abrazos en todo momento, por muy mal que me encuentre.

Soy incapaz de sentir celos y querer acaparar a una persona, por mucho que la quiera o la sienta como más mía que de nadie.

No sentí celos de mi hermano pequeño y mis sentimientos desde que nació fueron querer cuidarle, abrazarle, calmarle.

Si de bebé lloraba, sentía que mi madre era quien no se estaba portando bien con él y le decía que algo no estaba haciendo bien, y me enfadaba mucho.

Si hablamos de algo que se aleje del amor que sí mantengo en forma de ser, es el enfado.

Recuerdo que, de pequeño, me enfadaba mucho, muchísimo cuando mi hermano lloraba.

He tenido muchos enfados. Esos enfados, esa ira me acababa afectando sobremanera. Me daban crisis en las que, al final, acababa yo mismo dañado, con autolesiones, dolor de garganta, de cabeza, de cuello, de ojos y de espalda.

Esas crisis se alejan del amor. Sientes como que todo se rompe por dentro y por fuera y nada tiene sentido.

Te alejas tanto del amor que te empiezas a odiar a ti mismo, y por eso te causas dolor.

Yo, por ejemplo, me suelo morder la mano, más bien la muñeca. Y eso duele mucho.

Al final no consigo nada bueno con ello. Además, hago daño a la gente que me aprecia solo por verme cómo pierdo el control y me autolesiono.

Si es tu caso, intenta evitarlo por todos los medios. Piensa que es lo más lejos que puedes estar del amor, de darte amor.

Piensa que no hay nada ni nadie que deba llevarte tan lejos como para querer autodestruirte.

Ámate, centra tu atención en que es solo un momento pasajero. Es difícil, pero si yo puedo, tú también puedes.

Esta mañana, temprano, aún era de noche, le dije a mi madre muy serio: "Mamá, ¿cuándo voy a dejar de tener discapacidad?"

Mi mirada era fija, constante. Siendo la hora que era, mis ojos estaban más despiertos que nunca.

Le cogí la cara para que me mirara con atención. Quería saber cómo dejar de tener un diagnóstico.

Quería saber cuándo se iba a acabar verla pasarlo mal con la burocracia que conlleva tener un familiar con discapacidad.

Hay días que se los pasa delante del ordenador, teléfono, correos, atendiendo todo lo que imagino que la sociedad le reclama que debe hacer para darme lo que se supone que necesito.

La veo que intenta cumplir con todos los plazos de todo y, aun así, siempre recibe certificados o notificaciones que le requieren o erróneamente le vuelven a solicitar.

La observo y lo paso mal porque me siento culpable de esas situaciones y porque yo no quiero que ella esté así. Eso es porque siento amor hacia ella.

Yo no entiendo por qué tiene que ser así. Lo único que me haría feliz sería poder estudiar, trabajar, tener mis amigos y mi novia, mi casa y mis viajes.

No pido demasiado. O tal vez sí para lo que me ha tocado vivir, algo que yo no elegí.

Al final, el problema de esto no es la calificación que me hacen cada cierto tiempo de si mi autismo es severo, leve, grave, medio, moderado o azul pitufo.

El problema es que soy muy consciente de todo lo que "se cuece" a mi alrededor y yo no quiero formar parte de todo eso, pero es que no tengo opción.

No tengo opción cuando resulta que, si no se cumple con lo establecido, tampoco estás dentro del sistema y, entonces, estás desahuciado.

Claro que, si por mucho que me esfuerce sigo estando limitado, etiquetado y coartado, al final es el mismo resultado, ¿verdad?

Es muy complicado sentir amor cuando te tratan así durante toda tu vida y cuando cada día que pasa eres más consciente de lo que sucede contigo, a tu alrededor y con el resto del mundo.

Sin embargo, aun así, sigo sintiendo amor. Yo sigo siendo "un osito amoroso" y por eso tengo mucha suerte. ¿Sabes por qué?

Porque con mi amor recojo más de lo mismo. Me rodeo de gente que, si no es como yo, es parecida. Eso se llama ley de atracción, y es algo que viene intrínseco con la vida. Te rodeas de lo que eres. Eso de que los polos opuestos se atraen fue un engaño de algún interesado en sacar provecho. No somos imanes, somos personas, no somos metales, somos seres humanos con nuestras diferencias y nuestras semejanzas, pero debe haber siempre un nexo común fuerte para que las personas formen grupos, colectivos de verdad, de los buenos.

Por eso yo tengo suerte. Puede que no tenga grandes grupos ni millones de amigos a los que llamar para salir o emborracharme (cosa que no he hecho nunca, todavía, creo que no merece mucho la pena).

Es que, si lo piensas bien, el amor es el responsable de la existencia de muchos de los que estamos aquí, en este planeta.

Claro, somos el resultado de la unión de dos personas que, por lo general, o en la mayoría de los casos, se unieron por amor, y nosotros fuimos el resultado.

El amor es el origen de todo. Es la chispa que, seguramente, Dios, o el universo, o como quieras llamarlo, utilizó para poder emprender el comienzo de nuestra existencia.

No hay nada más grande ni más capaz que el AMOR.

Así que, por muy raro que parezca a veces, por muy repetitivo que te resulte, por muy "pesado" que sea con mis centros de interés, nunca olvides mi esencia. No me niegues un pequeño abrazo, un beso o un gesto o muestra de afecto. Y no desprecies los míos, porque a lo mejor los puedes necesitar y no te estás dando cuenta.

A lo mejor no te has percatado de que, si me dejaras darte un abrazo, echarte un brazo por el hombro, mirarte a los ojos y simplemente sonreír, es justo lo que necesitas para sanarte.

Puede ser que, quizá, un día conmigo te ayude a encontrar la paz que no te dio nunca nadie. Porque no hay nadie como yo.

Podría ser que te pudiera aportar la calma que ningún fármaco se haya inventado.

Quizá mi esencia de dar amor sin nada de trasfondo detrás te haría ver la vida tal y cómo es, sin ambiciones, sin dobleces, sin prejuicios.

Todo esto ya ni los niños pequeños lo están sintiendo. Sí, lo afirmo porque lo veo cada día.

Las familias y colegios de niños "neurotípicos" están a rebosar de niños y niñas que son adultos en miniatura. Con horas repletas de clases escolares y extraescolares donde, lo primero que aprenden es a competir por captar la atención de un solo adulto, maestra, profesor, monitor, lo que sea. Uno para todos, uno para muchos.

Se crea una supervivencia competidora, una ambición por el éxito, carente de amor.

Sí, es así, carente de amor. Donde se confunde el ser el mejor, el centro de atención, con ser el que más amor tiene, porque recibe más atención. Que tampoco es mucha, ya que siempre será en un entorno bastante artificial y demasiado compartido.

Es así como nacen las nuevas y recientes generaciones de "enterados y enteradas".

Niños y niñas que desde muy pequeños persiguen ser los mejores en todo y que, si no lo consiguen, emplean artimañas para conseguirlo, porque necesitan amor, demandan lo que todo el mundo, pero han nacido en un mundo en el que sus padres y sus familias ya no son los que eran antes de su existencia.

Son palabras duras, ¿verdad? Pues, a lo mejor, si no fuera autista, no me habría dado cuenta de lo que está pasando, porque yo mismo "habría entrado al trapo".

A lo mejor es que tengo suerte. A lo mejor, la visión de mis padres también ha ayudado.

A lo mejor, la visión de mis padres es distinta desde que yo cambié sus vidas.

A lo mejor es un poco de todo.

Mi madre prefiere pensar, y apuesta por ello, que desde que existo en este mundo he venido a cambiar su concepto de vida, y lo he conseguido con mucho éxito.

Ella cree que, si yo no hubiera nacido, su vida sería de la siguiente manera:

Una persona que siempre ha intentado hacer todo lo posible por conseguir los mejores resultados en la vida, en el colegio, en los estudios, en el trabajo, con respecto a su físico, su salud, su imagen con respecto a los demás, habría sido una infeliz intentando siempre sostener eso. Sostener un peso cada vez más importante y cada vez mayor en el que nunca nada sería suficiente. Porque con cada logro y cada éxito querría más y más buscando la ansiada perfección.

Así habría sido ella. Seguramente infeliz, con un nivel de autoexigencia desorbitado, con prejuicios y, quizá, con muchos viajes, diplomas, carreras y millones de aventuras que ninguna habría sido suficiente, porque la habría alejado de la esencia del amor.

El amor no necesita todo eso. Un niño o una niña no necesita ser el mejor en todo, ni ser el más sociable ni el que más amigos tiene.

Un niño, una niña, un adulto solamente necesita sentirse amado, y todo lo demás llegará de forma natural a donde tenga que llegar.

Eso piensa mi madre a día de hoy.

No sé si estará en lo cierto o no. Pero yo no puedo sentirme mejor en ninguna otra parte que cuando estoy a su lado. Y eso será por algo, digo yo.

PASO 10.
MI FUTURO SIN TI

Este paso es de los pasos que siempre se tratan de evitar hablar. Se llama mi futuro sin ti porque, aunque no somos videntes ni predecimos el futuro, por naturaleza, nuestros padres dejan este mundo antes que nosotros, los hijos.

El futuro cuando tú ya no estés es algo que no me suelo plantear.

Empecé a plantearme algo cuando viví por primera vez la pérdida de una persona que significaba mucho para mí, y su marcha fue de repente e inesperada.

Fue un duro golpe para mi mejor amigo, para su familia, pero para mí también lo fue.

En las familias de nuestras aulas TEA se crean vínculos muy fuertes porque nos conocemos en situaciones difíciles y nos ayudamos mutuamente desde infantil hasta no se sabe cuándo puede terminar, ya que nuestra escolarización no es la que se tiene programada.

Entonces, mi vínculo con el padre de mi amigo era más fuerte de lo que yo había interiorizado. Y solamente me di cuenta cuando lo perdimos.

Fue muy complicado entender que, a veces, la gente se va de forma inesperada y para siempre.

Un duro golpe que no supe encajar muy bien, después de una pandemia y todo lo que también supuso para mí.

Empecé a sentirme desorientado, triste, enfadado, confuso y con miedo a perder a mis seres queridos o a mí mismo.

Pasé por fases en las que tenía que exteriorizar esa pérdida y no dejaba de hablar del tema. No quería hacer daño a nadie, pero no podía dejar de pensar en ello y no podía callarme.

Momentos en los que quería que me repitieran una y otra vez por qué había ocurrido, cómo, cuándo, dónde y para qué. Por supuesto, hay preguntas que nadie supo contestarme.

Llegué a obsesionarme con el tema de la muerte y a cada segundo hablaba de entierros, defunciones, tanatorios, velatorios, formas de fallecer de forma inesperada y cosas así.

Estuve tan obsesionado que empecé a pensar que mi padre sería el siguiente, porque mi amigo y yo nos llevamos un año de diferencia y, entonces, al año siguiente me tocaría a mí.

Y cada día le recordaba a mi padre que tenía que fallecer, sufrir una enfermedad o algo que le hiciera morir de forma prematura.

Le hice sentir mal muchas veces a él y a todos mis seres queridos, incluido mi amigo y los suyos, pero fue la manera que encontré de canalizar y enfocar el dolor.

Lo siento mucho. Lo pasé mal.

Por suerte, tras darme tiempo, he logrado dejar atrás este tema y ya apenas hablo de lo mismo. Apenas, porque a veces me acuerdo y lo vuelvo a comentar, aunque ya con menos dolor.

No sé lo que me pasa, pero desde pequeño he tenido un humor un poco negro y, lo que al mismo tiempo me afectaba, ponía nervioso o dolía; lo intentaba repetir haciendo que fuera una especie de broma o chiste y acabar riendo a carcajada limpia, cosa que al resto no les suele gustar.

También les cuesta entender que un niño con autismo tenga esta característica forma de ser.

El paso de un FUTURO SIN TI es algo que no sé cómo enfrentar. Me gustaría tener ayuda, me encantaría.

Mis padres se lo han planteado muchas veces, y por ello han ido dando pasos en mi educación dentro y fuera de casa teniendo en cuenta que, cuanta más autonomía tuviera, mejor para mí y mejor para todos.

Pero, ahora, ha sido cumplir los dieciocho y parece como que este paso, este paso 10, cobra fuerza y aparece en letras mayúsculas.

Entro en una etapa nueva en la que yo me planteo muchas cosas nuevas y mis padres se plantean cómo sería mi vida y la de mi hermano si ellos no estuvieran ya en este mundo.

Sé que hay muchas cosas que no me dicen, ni a mí ni a mi hermano, porque él solamente tiene nueve años.

Pero también sé que están haciendo todo lo posible para que este paso tan importante pueda darlo también.

No puedo en este paso apenas añadir mucho más, ya que desconozco, como hijo en mis circunstancias, qué pensamientos, pasos o acciones estarán dando mis padres ahora mismo. Pero soy muy consciente de que los están dando.

Soy tan consciente, que hay días como, por ejemplo, antes de ayer. Me levanté muy temprano preguntándole a mi madre de nuevo cuándo iba a dejar de tener una discapacidad y en qué momento dejaría de tener que llevar tantas carpetas e informes sobre mí, en los que apenas se dice nada de cómo soy yo, mis gustos, mis aficiones, mis ganas de vivir y mi gran sentido del humor, que es igual de grande que mi sentido del esfuerzo la mayor parte del tiempo.

No imagino mucho cómo sería una vida sin mis padres, pero es cierto que sí lo he pensado alguna vez en la fase que comentaba antes.

Siempre les decía que los echaría mucho de menos y que les haría una despedida. Eso sí se lo he dicho a ambos muchas veces.

Es lo único que puedo añadir más.

Supongo que me encantaría saber con certeza que tendré un futuro, esté sólo o acompañado.

Me gustaría saber que puedo vivir con libertad disfrutando de todas las cosas que he logrado aprender, y que nadie me va a dejar de lado ni me va a quitar todo lo que con mucho esfuerzo y entrega he conseguido.

Es lo único que necesito saber. Lo demás ya vendrá.

Lo demás ya se verá, porque nadie sabe qué le puede deparar el futuro, así que no puedo jugar a ser brujo, adivino, vidente…

Solamente pido tener la tranquilidad de que todo lo que venga sea proporcional a lo que yo he luchado en mi vida. Exactamente igual que tú, que ellos, que todo el mundo.

No pido saberlo todo con seguridad ni planeo mi vida adulta, como algunas personas que parecen cronómetros del destino, todo agendado y con plazos para edades concretas en las que hacer y dar cada paso totalmente organizado.

Yo así no quiero vivir. Tampoco podría, aunque quisiera. No soy neurotípico. No se me dio elección ni de elegir colegio ni actividades deportivas. He ido improvisando en función de lo que se me ha ido ofreciendo. Haciendo lo mejor que he podido con los recursos que se me han dado, y agradeciendo siempre las oportunidades que he tenido junto con las personas maravillosas que me he ido encontrando por el camino.

Necesito un futuro. Con toda probabilidad será un futuro contigo y, después, sin ti. Es ley de vida.

De cualquier forma, necesito un FUTURO, uno grande como yo, en el que quepas tú y todos los que queráis seguir viviendo a mi lado.

Un futuro en el que pueda vivir sin ti, aunque sigas a mi lado. Un futuro en el que pueda visitarte a tu casa o tú venir a la mía.

Un futuro en el que pueda llamarte por teléfono para contarte mi jornada al final del día, como hago ahora al salir del instituto.

Un futuro en el que me sienta orgulloso de mí mismo. Un FUTURO SIN TI, pero GRACIAS A TI.

Un FUTURO CONSTRUIDO CONTIGO en el que yo pienso seguir construyendo después.

Vamos al siguiente paso, porque de este no puedo decir mucho más.

Solamente puedo confiar y esperar que lo tendré porque me lo he ganado cada día.

PASO 11.
PENSAMIENTO DE
UNA MADRE CUARENTIÑA

Este paso se lo cedo enterito a mi madre. Yo no puedo caminar por ella. Al igual que ella no puede caminar por mí.

Y, llegado al paso 11, sé que llevas la mitad de tu vida pensando antes en mí que en ti. Lo sé, aunque nunca te lo dije ¿Y qué?

La mayoría de los hijos no decimos esas cosas porque hay otras maneras de reconocerte esa entrega.

Así que, a partir del siguiente renglón, es mi madre la que habla directamente.

Pues llegado al paso 11, es todo un honor poder darlo junto a ti y que, casualmente, sea ese número, que es de mis números mágicos, me hace muy feliz.

Después de TEA-DORO hay mucho camino hecho y no vamos a volver sobre lo andado.

Así que seguimos hacia adelante. Siempre hacia adelante.

Habrá veces que te den ganas de parar o incluso de dar marcha atrás. Ni lo intentes, porque no encontrarás nada a lo que agarrarte.

Si has llegado hasta el paso 11 y estás más pendiente de lo normal, bienvenida, eres una mamá azul o te sientes como tal.

Yo tuve la suerte de ser mamá azul con 23 años. Un torbellino de energía imparable que nada ni nadie pudo frenar.

Digo que tuve esa suerte, porque no sé cómo habría actuado a mis 43 años de edad. Quiero pensar que de la misma manera, pero no lo puedo saber.

No lo puedo, y a veces intento ponerle en el lugar de madres o padres que empiezan con esta aventura a los cuarenta, después de una larga vida viviendo bastante "cómodo", y que nadie se ofenda, es para que nos entendamos.

La primera que me doy cuenta de lo bien que vivo ahora, que por fin duermo seis horas del tirón y tengo mis ratitos para mí, soy yo.

Entonces, imagino a esas personas que han podido disfrutar de todo ese tiempo y ese ritmo vital y deciden, normalmente ya con todo organizado y planificado, ser padres y, SORPRESA. Bienvenidos al mundo de la improvisación. Pero una improvisación que deberá ser también muy bien organizada y llena de planes b, c, d, e, f y g incluidos.

Tengo que decir que hoy por hoy no me arrepiento de nada. Al contrario, me siento súper agradecida y hasta orgullosa de ser la mujer que soy ahora.

Si estoy aquí ahora mismo es porque quiero vaciarme por completo de todo lo que sé que puede ayudarte. Así que voy a ser todo lo sincera que puede ser una persona. Si no te gusta, es totalmente comprensible, pero si te ayuda, habrá merecido la pena correr el riesgo de estas mis palabras y de este segundo libro que muestra una de tantas formas de ver el autismo.

Bien, soy una madre de cuarenta y tres años de edad con dos hijos preciosos, uno de dieciocho años y el otro de nueve, con historial de abortos y problemillas de salud que marcan como mujer y como mamá.

He pasado y vivido por muchas etapas. En algunas de ellas no me he reconocido siquiera. En algún momento de nuestras vidas, pienso que nos perdemos para volver a encontrarnos más y mejor que antes.

Por lo menos yo, me he perdido un par o tres de veces, por ahora. Considerando que tengo cuarenta y tres años y que mi ritmo vital es más rápido que lento, no son tantas veces que me he perdido, te lo aseguro.

La primera vez que me perdí, fue de preadolescente. Ya os acabo de decir que mi ritmo siempre ha sido muy rápido. Transmito tranquilidad hacia el exterior, pero es sólo el exterior.

Como iba diciendo, mi preadolescencia comenzó sobre los once y doce años. Empecé a plantearme el sentido de la vida, en general, de la humanidad... Esto me hizo deprimirme mientras me daba por ir a la biblioteca a devorar libros sobre la historia de las religiones, mitología, análisis del comportamiento de las personas, el lenguaje gestual...

En esa tesitura me estaba moviendo, cuando me comenzaron a dar una especie de desmayos repentinos, mareos, pérdida de consciencia, caídas repentinas con sus consecuentes golpes, bajadas de tensión, lipotimias, hasta que un día, veintinueve de febrero de 1993, me bajó la regla por primera vez, a dos meses justo de convertirme en hermana mayor de Celia, la que sería mi muñeca preferida durante muchos años hasta convertirse también en adolescente.

Durante esa etapa comencé cada veintiocho días a sufrir lo que ahora se llama síndrome del síncope vasovagal. En aquella época eran mareos porque estaría haciéndome mujer. Hasta 2018 no me dieron un diagnóstico, así que, mientras tanto, nunca sabía cuándo podría dar algún "sustillo" y cada mes eran un suplicio los dolores menstruales que sufría, sudores, contracciones uterinas, mareos, desmayos... Era tal el dolor que hiperventilaba y me mareaba más.

En esos años fue cuando me perdí por primera vez. Comencé a sentir que la vida no me estaba tratando muy bien y que no tenía sentido mi existencia en este planeta.

Llegué a pensar en que no quería seguir viviendo, no le encontraba sentido a nada, hasta el punto de perder el interés por la comida totalmente. Para mí, pensar en qué comer era una especie de inconveniente que me hacía la existencia aún más difícil.

Aquello fue a más y llegó momento en que, aunque me plantaran mi plato favorito, lo vería como si fuera un mal trago dispuesto a fastidiarme el día un poco más.

Me quedé muy delgada, pero me daba igual, tampoco era algo escandaloso y mi culo seguía ahí como siempre. Así que no veía el problema.

Los problemas empezaron con la falta de sueño. Todos estos pensamientos se acrecentaban por las noches, como si fuera una película de miedo, hasta el punto de pasar noches y noches en vela viéndolo todo negro.

Al amanecer, odiaba el sonido de los pájaros que me anunciaban que había estado una noche más sin dormir nada de nada.

No sé cuántas noches llevaría sin dormir aquella mañana que no olvidaré jamás.

En mi habitación, yo tenía un espejo en el armario. Al levantarme de la cama, me puse de pie frente al espejo y descubrí mi excesiva delgadez, que no era tanto como para alarmarse, pero sí lo fue cuando, al levantar la mirada y mirarme a la cara, me vi totalmente deformada. Mi cabeza era enorme, totalmente desproporcionada a mi cuerpo, como si fuera una de esas muñecas que hacen ahora, que más que muñecas parecen extraterrestres con ojos enormes y cabeza más grande aún.

Este momento sí que me asustó. Recuerdo llamar a mi madre escandalizada para que viera lo que estaba viendo yo en el espejo.

Subió y me dijo que no era cierto; que lo que yo estaba viendo no era real.

La verdad es que me asusté más y me di cuenta de que tenía que cambiar. pero no lo conseguí tan rápido, pasé por muchos momentos y fue gradual hasta volver a reencontrarme conmigo misma. Una chica sonriente, feliz, inteligente, con ganas de estudiar, de aprender, de trabajar, de inventar, de vivir, de volar y de no ser adulta nunca, aunque ya lo fuera sin ser consciente.

Y, afortunadamente, me volví a reencontrar conmigo misma.

Pero, ¿quién no se ha perdido en la adolescencia alguna vez?

Lógicamente, no iba a ser la única vez. No sé si vosotros os habéis perdido alguna vez. Yo opino que todo el mundo lo ha hecho. Es más, creo que hay gente que se ha perdido muchas veces y otras que ni se han vuelto a encontrar y andan perdidos de por vida. Si es lo que desean, también están en su derecho de escoger ese camino; pero si no, lo mejor es que te pongas lo antes posible a buscarte.

Me perdí un poco con el divorcio de mis padres, pero tengo la suerte de que ellos se llevan muy bien.

Me volví a perder cuando aprobé las oposiciones y, de repente, no sabía si tanta lucha era proporcional al camino que comencé a andar.

Me perdí muchísimo cuando decidí ser madre, madre joven, y disfrutar de mi hijo con todo organizado: Barrio perfecto para crecer, escuelas, expectativas varias, muchas ilusiones. Y casi nada salió como esperaba. Fueron años de búsqueda, de atajos, de caminos largos, de mapas del tesoro, de jugadas del destino, etcétera, etcétera. Aspectos en los que no voy a entrar, porque para eso ya hubo unas pinceladas buenas en TEA-DORO.

Hablo de pensamientos de una madre cuarentona y no puedo evitar recordar cómo entre los 20 y los 35 en adelante, me sentía llena de energía, de iniciativa, de ganas de inventar, de emprender, de viajar, de hacer millones de cosas, todas ellas mezcladas con años de insomnio, preocupaciones sin límite, días y días de desconcierto, de esfuerzo para que Álex lograra avanzar y, sobre todo, tener la certeza de que él estaba bien.

Claro que me perdí, todas mis fuerzas iban focalizadas a conseguir que él lograra cosas que tampoco sabía si le hacían felices o si le harían crecer o ser mejor. Mientras lo intentaba, se me iban gastando los años y muchos de los proyectos que iniciaba se quedaban por el camino, a medias…

Hay mucha gente que no renuncia a nada y lo quiere tener todo. Yo no quería eso; solamente esperaba renunciar con la seguridad de saber que así él conseguiría una vida feliz y en condiciones, sin embargo, esa certeza nunca llegó.

¿Tú no te perderías si tienes un destino en Google maps, pero resulta que, por circunstancias, debes ir modificando cada minuto ese destino sin saber hacia dónde, para qué, cuándo y cómo?

Aun así, tuve la fuerza de hacer algún que otro proyecto laboral, renuncié a muchos otros, pero alguno que otro hice y tuve buenos resultados.

Aun así, había veces que me daba cuenta o llegaba al límite en el que la gente cercana me decía, que tenía que cuidarme yo, que estar bien yo, para que él pudiera estar bien. Entonces, buscaba formas de cuidarme, de sentirme mejor, de no desgastarme.

Aun así, y después de toda esta pérdida en mi camino, todo esto me hizo reinventarme, ser multifunción y polifacética. Ya que estaba perdida, lo único que me quedaba era seguir buscándome y mejorándome durante el trayecto. Y no me salió mal.

Cierto es, que una persona que se ha perdido es más fácil que se caiga, que se haga daño y, por tanto, haga daño a la gente que tiene más cerca. Eso es así.

También es cierto que lo mejor es ser consciente lo antes posible de esas caídas y de esos daños.

Aprovecho para pedir perdón a las personas que, en mis caídas, hayan caído conmigo o se hayan lesionado.

Aprovecho también para pedirme perdón a mí misma por mis propios daños, mis auto saboteos, auto boicots, mis autocríticas y mis vendas que en algunas de esas caídas me impedían ver la realidad del todo y por eso me caía.

Aprovecho para informar de que nadie está exento de perderse, y que juzgar es más fácil que encontrarse.

Invito a todo el mundo a que haga una reflexión periódica cada cierto tiempo, y se haga unas cuantas cuestiones tales como saber si…

- Estoy haciendo lo que deseo.
- Soy la persona que quiero ser.
- Soy feliz
- Consigo ser feliz a pesar de todo o gracias a todo.
- Estoy en mi camino.
- Vivo cada día cómo quiero vivirlo.
- Soy una buena persona.
- Me siento orgullosa de mí.
- Soy la adulta que soñaba ser cuando era niña.
- Soy la madre que me habría gustado ser.
- Soy la madre que me habría gustado tener.
- Soy libre.
- Soy la trabajadora que quería ser.
- Soy la amiga que necesitaría tener.

Son tan solo catorce frases a las que habría que responder. Seguro que, si te dedicas un ratito a tratar de responderlas lo más sinceramente posible, te harán crecer, identificar si estás perdido, si no, si te vas a encontrar fácilmente, o no.

Te aviso de que no he leído esta lista en ninguna parte. Lo siento. No está comprobada ni homologada por ningún psicólogo. Son solamente catorce frases que a mí me acompañan y me han hecho llegar hasta aquí, que no es poco.

Si decido compartirlo contigo. Imagina el sentido que pueden tener.

Espero que algunos de los que me estáis leyendo ahora mismo, en algún momento de vuestras vidas podáis compartir conmigo estas cuestiones y disfrutar con ellas.

Después de este leve recorrido por el pasado y el sinuoso laberinto del que ya hablaba en TEA-DORO y sus consecuentes pérdidas, ahora nos toca el presente y el futuro.

No sé qué esperáis vosotros de vuestra vida presente y futura a los cuarenta años de edad.

Me atrevo a decir que, por mi forma de ser, no busco solo tranquilidad y estabilidad. Me aburriría.

Pero también me atrevo a decir que necesito esas dos cosas más que antes.

Necesito la tranquilidad de saber que no va a ser ya tan fácil que me vuelva a perder.

Necesito la estabilidad que me he ganado a base de no rendirme nunca y de no conformarme con lo primero que me encuentro, sea en el aspecto que sea.

Ahora sí sé lo quiero y más lo que no quiero. Antes, sabía lo que no quería, pero estaba dispuesta a renunciar temporalmente, si lo que me apartaba de mi tranquilidad y estabilidad, me daba sorpresa, emoción, aprendizaje, diversión, crecimiento vida.

Hoy no. Hoy no estoy dispuesta a permitir el acceso a lo que no quiero. No accedo, sabiendo perfectamente lo que no quiero, a que nada ni nadie rompa mi tranquilidad y estabilidad, porque rompería la de mis hijos.

Esto es lo que ahora me hace no volver a perderme en ningún aspecto, sean creencias, sean aficiones, sean personas, sea laboral, sea ambición, sea lo que sea.

Si esto describe la madurez, lo mismo hasta la estoy alcanzando. No lo sé.

Lo que sí sé, es que me ha costado cuarenta y tres años encontrarme, levantarme, levantar a los que están a mi cargo y conseguir que se pierdan lo menos posible como para dejarme llevar o tolerar que venga quien o lo que sea a robarme lo que con tanto esfuerzo, cariño, tiempo, salud, renuncia, dedicación, respeto y amor he logrado.

Este es mi presente. Es mi descripción breve. Llámala madurez, llámala intolerancia, llámala miedo, desconfianza o egoísmo. Yo lo defino así. LA LIBERTAD QUE HE CONSEGUIDO EN MI VIDA Y PARA LOS MÍOS, A PESAR DE LOS LÍMITES QUE SE ME HAN PUESTO Y LAS POCAS PLUMAS QUE ME HE ENCONTRADO PARA FABRICAR MIS PROPIAS ALAS Y LAS DE LOS MÍOS.

ALAS QUE FABRIQUÉ PARA QUE HOY PODAMOS VOLAR EN ESTA SOCIEDAD.

Una sociedad en la que hay "muchos pájaros", pero pocos saben volar de verdad.

Éste ha sido mi paseo por el presente.

Vamos a los pensamientos futuros de una madre cuarentona en mis circunstancias.

Si me sigues leyendo y aún no te has aburrido. O estás en mi lugar, o cerca. Si no es el caso, enhorabuena, ya que en la actualidad nadie tiene tiempo para leer si no es algo plasmado en un reel o un tik tok. Así que gracias por dedicarme tu tiempo y caminar con nosotros hasta el paso número once.

Quizá, si estás en una situación parecida a la mía, sabrás muy bien que pensar en el futuro da muchísimo vértigo. Ni siquiera te das cuenta. Tú empiezas y empiezas a tratar de visualizarlo todo. Tus opciones, tus posibilidades, las mejores decisiones para intentar garantizarte que, si te ocurre algo, si faltas, si te mueres, todo va a estar bien y podrán seguir viviendo bien sin ti.

Y durante el transcurso de esas reflexiones, ves que no es tan fácil decidir cuando se trata de una situación como la nuestra. Te desbordan las dudas, la inseguridad, el miedo y te gana la ansiedad.

Esta es la realidad de un futuro para una persona que está en un TEA-COMPAÑO.

Y es así, hay que aprender a aceptarlo y a seguir pensando en el futuro e intentar seguir con esos proyectos de futuro para seguir cumpliendo con un buen TEA-COMPAÑO.

A ti, que me estás leyendo, que me acompañas y caminas por los mismos senderos llenos de curvas y pendientes hacia arriba, te digo que no te rindas, que sigas, que nunca esperes que nadie vaya a venir a rescatarte, ni a solucionarte, que no te pierdas ni te caigas, pero que, si alguna de esas dos cosas ocurre, no te sientas culpable. Levanta y sigue, porque el tiempo también sigue y no perdona, ni va a sentir compasión de ti.

Cuenta contigo, solamente contigo, pero comunica y abre a compartir. Así, quien quiera, libremente TEA-COMPAÑARÁ y quién no, habrá sido libre de sus decisiones y cada uno seguirá su camino sin discusión.

Es duro, lo sé. Pero nada te dará más seguridad que saber que puedes contar contigo mismo. Todo lo que venga extra después, será una bendición, una suerte y un alivio y te sentirás agradecido.

Para ser una buena TEA-COMPAÑO he aprendido que hay que saber improvisar, hacerse la dura muchas veces, pero no perder nunca tu sensibilidad y tu intuición.

Para ser una buena TEA-COMPAÑO debes ser generosa en todo, sin importarte lo que das y lo que recibes, y es la única manera de ser feliz.

Estos pensamientos son los de una madre cuarentona TEA-COMPAÑO que no sé si serán los mismos pensamientos que los tuyos, pero son los que a mí me han traído hasta aquí. Y el aquí de ahora me aporta felicidad, paz, tranquilidad y estabilidad.

Miento si digo que durante un mismo periodo de veinticuatro horas no tengo mil dudas, cambio de opinión y me pregunto si lo estaré haciendo bien, pero es que eso es lo que me hace ir tomando los caminos, observando a las personas y aprendiendo de ambas cosas.

TEA-CONSEJO que, si estás en mi situación, no mires atrás pensando cómo habría sido si hubieras hecho o no hecho una u otra cosa. Eso nunca lo sabrás.

Además, jamás te sientas menos que nadie por haber tenido que renunciar a progresar en otros ámbitos por tener que ser un TEA-COMPAÑO, ya que nunca sabrás cómo habrías sido de feliz. Quizá no serías ni la mitad de genial e increíble que eres ahora.

Piensa mejor en la persona que eres ahora. Mira cómo eras antes y en quién te has convertido, y estoy segura de que te sentirás súper orgullos@ de quién eres.

Ahora tienes paciencia, generosidad, entrega, creatividad, altos niveles de improvisación, pero, a la vez, buena organización y anticipación para los imprevistos, adaptabilidad y, además, a estas alturas, tienes también la capacidad de que te importe una "m…" lo que piensen de ti, de tu vida, y esa famosa frase "el qué dirán".

Así que l@s TEA-COMPAÑO somos como las personas renacidas, con una segunda oportunidad de rehacerse a sí mismas mucho mejores de lo previsto.

Tenemos a nuestras espaldas el honor de una experiencia que nos regala una enorme sabiduría.

Tenemos la certeza de un amor sincero sin segundas intenciones y la fuerza de sabernos preparados para las sorpresas, sean del tipo que sean.

Enhorabuena, si has llegado hasta aquí y se te ha escapado alguna que otra sustancia lagrimal porque puede que tú seas una de esas personas o estés cerca de serlo.

No hay nada mejor que saber quién eres. No todo el mundo lo sabe, aunque crea que sí.

Hemos aprendido que tropezarse no es caerse y que caerse no es un delito; que todo en la vida vuelve y que no hay mal que por bien no venga.

Hemos aprendido que con esfuerzo y voluntad todo resulta más fácil.

Hoy sabemos que lo más valioso del mundo es la familia y los amigos de los de verdad.

Hoy sabemos que, por más que nos caigamos, tropecemos y nos encontremos barreras, nuestro objetivo siempre va a ser levantar la cabeza y seguir adelante.

Hay un refrán, que no sé de quién es, que dice así: "Cambia tus hojas, pero no tus raíces. Cambia de opinión, pero nunca pierdas tus principios". Pues resume bastante bien lo que hacemos las personas como tú y como yo.

Somos valientes. Cada día es un nuevo comienzo. Los inicios fueron difíciles, pero fueron el comienzo de una realidad diferente, para ser mejores de lo que éramos.

No te detengas ante los contratiempos. Si necesitas llorar, llora. Si necesitas detenerte un momento, para.

No hay reglas escritas sobre cómo hacerlo. No hagas caso a las críticas. Lo más importante es que tú seas feliz siendo una mejor persona.

Algunos te aceptarán y otros se opondrán. Paso a paso. Los cambios importantes van paso a paso. Como en este libro. Vamos paso a paso con una acción diaria.

Intenta cambiar los pensamientos negativos en positivos, tener siempre una sonrisa y una actitud amable con los demás, pero sobre todo contigo. Tú eres tu fuente de felicidad.

Somos los protagonistas de nuestra vida. No todos tenemos los mismos sueños, así que céntrate en tu objetivo. Sé honesto y honesta con lo que quieres en tu vida.

Evita cumplir las expectativas de los demás. Date la oportunidad de creer en ti, de ser libre decidiendo empezar de nuevo cada día, sin importar cuántas veces tengas que hacerlo, y empieza de nuevo cada vez que lo necesites.

Una mente negativa nunca te dará una vida positiva. Es una frase que leí por ahí hace tiempo y no llevaba autor. Me encantó.

A mí también hay una cosa que me ha funcionado durante toda mi vida: Es guardar silencio en los momentos de mayor turbulencia. A veces es complicado.

Evita juzgar a los demás.

Enfoca tu atención en lo que realmente te gusta.

No pierdas la esperanza. Lo que parece negativo solamente es un pensamiento discordante.

Suelta, perdona y libera.

Medita al menos una vez al día.

Imagina momentos agradables para ti y los tuyos.

Usa tus ojos para ver la belleza de la vida y el interior de las personas.

No uses tus ojos para criticar cómo se ven o visten otras personas o juzgar sus apariencias.

Da amor sin importar lo que recibas.

Respétate y serás respetado.

Y, para terminar este pasito, hay un dicho por ahí también que anda sin autor por las redes que dice así: "Un sabio dijo que, por más consejos que te den, hay lecciones que solo aprenderás a base de caídas".

Así que, podrás leerme atentamente, pero serás tú quién elijas tus pensamientos, tu camino y tu vida. Y eso es lo mejor que tiene la vida, el poder elegir.

Gracias por estar aquí leyéndome una vez más.

Bueno, permitidme dos últimas reflexiones de madre TEA-COMPAÑO cuarentona.

Cuando una decide ser madre, cuando uno decide ser padre es porque le nace desde el amor. O así debería ser. Un amor puro sin ninguna otra intención.

Porque el amor no nace de repente. El amor es una elección deliberada. Amar a alguien significa elegirlo cada vez. No es vivir la experiencia a ver qué pasa y ya iré viendo, no. Ahí lo dejo. Sobre todo, para los nuevos padres y madres.

Y la otra reflexión no es mía, es de Virginia Woolf:

"Nuestros refugios frente al mundo son los libros, el mar y la soledad."

Para gustos, colores, pero es una muy buena reflexión desde mi punto de vista.

PASO 12.
DÉJAME

Déjame ser yo. Déjame poder expresarme. Ya sé que hay gestos de mí que a lo mejor no te gustan, pero lo mismo hay gestos de ti que a mí no me gustan y yo no te los reprocho, ni te los prohíbo.

Déjame ser yo con mis aleteos, mis repeticiones, mis movimientos de dedos.

Yo te dejo ser tú con tus manías. Lo mismo te muerdes las uñas y eso a mí me molesta, pero te dejo.

A lo mejor me repugna el ruido que haces al masticar, al sorber la sopa como si fuera un refresco, pero te dejo.

Es posible que me parezca insoportable tu manía de poner las noticias en voz súper alta y que te juntes en grupo a discutir, a voces, sobre lo que ocurre en el mundo, pero te dejo.

También podría ser insoportable cómo roncas, tu tono de voz, tus días de histeria cuando llegas del trabajo o esa manía de no bajar la tapa de W.C. después de hacer pipí, pero te dejo, no te pido que cambies, me aguanto aun sabiendo que, a lo mejor, te oigo, te siento y te veo con mucha más sensibilidad de la que tiene la mayoría.

En cambio, tú, tú no me dejas andar en círculos, balancearme, hablar siempre de mis temas, chocar los dedos, guiñar los ojos, hacer ruiditos con la voz o alzar los brazos, caminar de puntillas, no sé. No hago todo eso que estoy diciendo, algunas cosas sí, otras, no, pero sé de compañeros de clase que he tenido que sí.

Pero no nos dejan. No sé, a veces creo que no nos dejan porque no queda elegante, bonito o no es una manía común.

Otras veces sé que si no me dejas es porque me estoy haciendo daño, bien por la intensidad, bien por el momento o duración de "mis manías"

Sin embargo, la mayoría de las veces lo haces casi inconsciente, me impides hacer los ruiditos, los balanceos, etcétera.

A lo mejor los necesito igual que tú otras cosas para reducir mi grado de ansiedad.

Déjame ser yo. Sí.

Déjame ser yo, que ya sé que soy adulto y que llamo más la atención que cuando era niño.

Que mi imagen en esos momentos quizá resulte inapropiada o poco aceptable socialmente.

Pero, ¿qué te importa más? ¿mi grado de ansiedad, mi estado de nervios, mi paz o lo que puedan pensar o decir de mí?

Reflexiona, porque muchas veces no eres consciente de lo mucho que te importa la opinión de los demás.

Es complicado aprender a ignorar al resto de personas. Somos seres humanos, hechos para vivir en sociedad. Entiendo que a unos más que a otros, pero a todos nos afecta o importa lo que piensen de nosotros.

A mí me encanta pensar que mi madre está orgullosa de mí por ser un adulto responsable.

Me gusta pensar que, cuando entro en un sitio lleno de gente, puedo saludar y charlar con cualquier persona sin que sepan que tengo autismo o no.

No me gusta nada ver que alguien no está contento conmigo por algo que haya hecho mal o a medias.

Lo paso fatal si veo que alguna persona está enfadada conmigo o decepcionada por mi actitud o comportamiento.

Lo que es peor aún es cuando no puedo expresar lo mal que me siento de verte a ti indignado o defraudada conmigo. Esto es muy difícil también.

A veces no puedo expresarte mis sentimientos de que tú no estés bien conmigo, y puede que te dé la impresión de que no me importas o que me da igual. No es cierto.

Dame tiempo, observa y verás cómo lo arreglo. Escúchame y dame la oportunidad, porque verás con certeza que puedo hacerlo mejor y esperaré que me confirmes que has apreciado que lo he hecho mejor.

Déjame enseñarte que puedo superarme a mí mismo, que puedo mejorarme y que puedo tener empatía.

A mí me encantaría también que tú fueras libre, que te no importara que la gente me mire.

Me gustaría saber que no tienes miedo a que me hagan daño, o que se rían de mí.

Que no intentes protegerme de todo antes de que suceda.

Me gustaría que no te obsesiones con si habrá miradas o comentarios hacia mí.

Deja que sea yo y deja que sucedan las cosas. Después, ya veremos cómo se resuelven, pero seamos libres.

La vida no se puede predecir siempre. Tampoco vas a poder protegerme siempre de todo, así que tendrás que dejarme correr riesgos necesarios.

Sé que es muy duro cuando sabes que hay miradas, comentarios, situaciones incómodas, sin embargo, es más duro si no me dejas ser yo, si te avergüenzas de forma de proceder. Eso es mucho más duro.

Prefiero que elijas dar este paso número doce, que es DEJARME ser, estar y existir.

La vida me ha enseñado que no le puedo gustar a todo el mundo.

También me ha enseñado a ser consciente de que llamo la atención, pero me encargo de ello y de desenvolverme en los acontecimientos de forma lo más positiva posible.

Así que, dame la oportunidad de aprender, de enfrentarme. En definitiva, de vivir.

Puedo ser más de lo que imaginas. Puedo sorprenderte, pero si me das la opción.

Todas las personas tenemos derecho a la libertad y a la seguridad en igualdad de condiciones con los demás.

La existencia de una "discapacidad" por sí sola no puede ser usada para justificar la privación de libertad.

Por eso déjame.

La accesibilidad debería ser universal para todos.

Tienes que ayudarme a eliminar barreras, tanto físicas como mentales, de la sociedad.

Déjame participar en lo que necesite. Sea cultura, sea política, educación, religión…

Céntrate en mí, cómo soy, mi persona.

Déjame sentirme respetado.

Déjame distraerme con las cosas que me gustan, aunque a ti te parezcan absurdas o aburridas.

Déjame disfrutar de mi tiempo libre y de ocio siendo dueño de mi tiempo.

Puedo desarrollar habilidades, aunque tenga dificultades.

Merezco un trato digno.

Conseguiré, si me dejas, autonomía progresiva día a día.

Necesito que me comprendas, que sientas como sentirías si fueras yo, y que tengas empatía.

Necesito que sepas que a veces proceso los estímulos y la información de forma diferente a como lo haces tú.

Déjame tiempo, tranquilidad y respeto hacia mi forma de ser y de hacer, para que pueda confiar en mí mismo y en mis posibilidades.

Si quieres dar este paso tan importante para mí, necesitas co-nocerme y así poder confiar.

Así que te propongo que busques y navegues por internet bus-cando todo lo que necesites, que hables con personas preparadas y experimentadas, que sepas actuar en determinadas situaciones (meltdown, shutdown, etcétera, etcétera…)

Cuanta más información tengas, más podrás dejarme ser.

Además, cuanto más sepas, más podrás ayudarme a concien-ciar a las personas y a sensibilizar al mundo sobre el autismo.

Déjame que a veces descanse y no me llames vago o perezoso por ello.

A veces me siento agotado, es un intenso agotamiento físico, mental o emocional, a menudo acompañado de una pérdida de habilidades, que algunas veces podemos experimentar las perso-nas con autismo.

Se trata de un efecto acumulativo de tener que moverse y na-vegar por un mundo diseñado para personas neurotípicas.

¿Y cómo me recupero de ese agotamiento? Pues yo, en con-creto, necesito irme solo a mi habitación si estoy en mi casa, si no, necesito irme a algún sitio algo apartado, o darme una vuelta, aunque sea una casa, un local cerrado o la calle.

Es muy importante que me dejes autoconocerme, aprender a tener tiempo para mí.

Así que atrévete a dar el paso número 12 y DÉJAME porque no te vas a arrepentir.

PASO 13.
NO ERES TÚ, SOY YO

Es así. Hay una canción que se puso de moda recientemente que repetía esta frase.

Pues este paso es así. El paso número trece, no eres tú, soy yo. Soy yo quién estoy creciendo, quién se hace adulto. No puedes hacerlo por mí.

Hasta ahora, quizá haya sido más fácil tu papel como adulto que interactúa con un menor, pero ahora soy yo también adulto, se trata de mi crecimiento, no el tuyo. No puedes crecer por mí. No puedes ser adulto por dos.

Si hago algo mal, no te responsabilices tú. Lo haces lo mejor que puedes, pero no eres culpable de mis errores. No te sientas así y, sobre todo, no dejes que nadie te haga sentir así, aunque estés a mi lado, seas mi madre, mi padre, mi hermano, hermana, amiga, pareja, lo que seas.

Al igual que no puedes estar todo el tiempo a mi lado. Tampoco puedes anticiparte a los demás ni protegerme de forma permanente. Te agotarás en el proceso, y puede que hasta me tomes manía. No lo hagas, por favor.

Eres esencial para mí, pero no eres tú, soy yo. Este paso debes recordarlo cada dos por tres.

Este paso, creo, por lo que he observado en mi madre, que es un paso que se olvida a diario o muy frecuentemente.

No eres tú a quien le ha tocado adaptarse tanto al mundo exterior. Podrás ponerte en mi lugar, pero nunca será lo mismo.

Si eres de las buenas conectoras, podrás hasta sentir como siento yo o que se aproxime muchísimo, pero no eres yo y nunca lo serás. Acéptalo.

Aun así, quiero agradecer a todas esas personas que tenéis la gran habilidad, capacidad, empatía y generosidad de poder y querer ponerse en nuestra piel.

Realmente es lo que más nos va a ayudar a poder seguir. A sabernos comprendidos y, por tanto, a ser felices.

No hay nada mejor en este mundo que saberse acompañado y acompañada. De ahí el título de este libro.

Siempre va a ser mejor una comunicación estrecha hasta el punto de estar conectados.

Piensa que yo ya hago a cada momento un esfuerzo por adaptarme a todo tipo de circunstancias que no están hechas para mí. O, al menos, así lo siento yo.

Así que, si a cambio tú puedes hacer el esfuerzo o tener el placer de ponerte en mi lugar… Pues será increíble y tendrás un amigo para siempre. Te lo aseguro. En el más amplio y sincero concepto de la amistad. Una AMISTAD en MAYÚSCULAS.

Si eres tú de esas personas afortunadas que ha sido y es capaz de acompañar a alguien como yo, enhorabuena, porque tienes muchísima suerte y la vida te va a sorprender muy gratamente hasta el final del camino. Te lo aseguro.

Acuérdate de lo que te digo, sí, del párrafo anterior a este, y verás cómo no me equivoco y la vida te va a traer muy gratas cosas y serás de los pocos que disfruten de la vida con multitud de colores que pocos saben ver ni apreciar.

Cuando eres tú una de estas personas que estoy tratando de explicar, tu perspectiva y tu visión de la vida cambia muchísimo. Casi sin darte cuenta.

Y conforme va pasando el tiempo, descubres que te has convertido en un ser especial, que en nada tiene que ver con tu yo del pasado. Así que, enhorabuena de nuevo, porque eso lo has conseguido tú, no yo. No soy yo, eres tú.

¿Lo ves? Creo que ya vas entendiendo este paso tan especial. No sé si lo habías meditado antes, pero es un paso digno de reflexión y de valorar a cada instante.

No lo olvides. No eres tú, soy yo. No soy yo, eres tú.

Cada persona, cada ser viene a este mundo con un fin, no puedes vivir el fin de otro. Lo puedes querer mucho, amar muchísimo pero mi camino es mío y el tuyo es el tuyo.

Puedes verlo de la siguiente forma: Nadie puede caminar con tus pies, por mucho que te guste esa persona. Intenta imaginar que deseas tanto ser esa persona, que intentas andar por ella, ¿sería de locos? ¿verdad?

En definitiva, este paso es muy fácil de entender, pero muy complicado de respetar y llevar a la práctica.

Es un paso fácil de olvidar, como los pasos del tango. Un baile que parece sencillo y lento, pero para mí es complejo.

Con este paso trece ocurre igual. Es algo que quizá todo el mundo, a simple vista, entienda como de lógica, lo que coloquialmente decimos "de cajón".

Sin embargo, por experiencia propia, hay mucha gente que no está preparada para aceptar que no eres tú, que soy yo.

Hay personas a las que podemos tachar de entrometidas, pero, a lo mejor, lo que les pasa es que no son capaces de aceptar este paso trece: "NO ERES TÚ, SOY YO" y mis circunstancias.

Seguramente conoces personas que quieres mucho y te quieren mucho y no son capaces de vivir su vida sin intentar llevar la tuya como si fuera la suya también.

Pues de eso estoy hablando. De que demos todos este paso y ser libres y dejar libres a los demás.

Hazlo por amor y con amor. No vale de nada que busques de pretexto que no puedes dar este paso porque quieres a esa persona. Así no la estás queriendo bien, ni mejor. Te lo aseguro.

Te lo aseguro como niño con autismo que tiene gente que le quiere y viceversa. Te hablo como adolescente que se ha sentido controlado, coartado, vigilado, limitado e incapacitado y, además, sin saber expresarlo.

Te lo aconsejo desde las manos que escriben, que son las de mi madre, que sabe perfectamente cómo me siento y me he sentido.

Te lo recomiendo encarecidamente desde la suerte y fortuna que tengo de saber que la vida me ha entregado a una madre loca que es capaz de adaptarse a mis necesidades y dejarme libre con dudas y recelos.

Te lo garantizo. Te garantizo una mayor calidad de vida y felicidad si dejas que cada uno viva su vida sin romper normas, ni dejar de respetar. Se puede. Te lo aseguro.

¿De qué te sirve pensar que vives mi vida por mí como si fuera yo?

¿Por qué lo haces?

¿Te hace sentir más seguridad?

¿Piensas que así me estás cuidando más?

¿O crees que así me quieres más?

¿Lo haces por mí o por ti?

Contesta a todas estas preguntas y sé sincero o sincera y, después, decide.

A mí me ha cuadrado todo desde el principio. Nunca es tarde para caminar hacia el mejor camino. No pasa nada por andar, desandar lo andado y volver a comenzar.

Imagino que, si nunca te habías planteado todo esto, ahora estarás un poco en shock, o mucho.

No pasa nada. Es parte del proceso. Mejor ahora que nunca; mejor ahora que después.

Mejor ahora que no como consecuencia de algún hecho desagradable y/o detonante para que espabiles y te pongas manos a la obra o pies para que os quiero.

Es muy difícil estar en mi lugar, pero es que también es muy complejo estar en el tuyo.

A ti, que te enredan mil dudas de cómo será mi día a día, hoy, mañana y siempre.

A ti que no sabes nunca qué me puede deparar desde que salgo de casa por la mañana.

A ti que has sufrido por mí, vivido mil situaciones dolorosas a mi lado.

A ti que tanto has luchado, luchas y lucharás para asegurarme una vida en condiciones.

A ti, ahora te pido que vivas tu vida y que yo viva la mía.

Pues claro que no es fácil, pero es lo necesario y es lo justo para ti, para mí y para los demás.

Puedes sentir rabia, tristeza, impotencia, miedo, inseguridad o no saber qué hacer con tu vida ahora.

Lo siento. Lo siento mucho, aunque también puedes elegir no dar este paso y averiguar qué ocurre. Cuéntamelo, por favor.

En vez de sentirte así de mal, podrías pensar en lo liberador y gratificante que es para ti saber que has cumplido tu misión y lo bien que lo has hecho.

A ti, que has logrado acompañarme hasta hacerme adulto. A ti, que has conseguido ayudarme a convertirme en una gran persona y lo lejos que he llegado, tanto como para ser capaz de pedirte que ahora me toca a mí y que tú debes seguir con lo tuyo, sin olvidarte de mí.

¿Puedes hacerlo? No es tan difícil. Debes ir soltando ciertas costumbres, tendencias, miedos y sustituirlas por aquellas cosas que dejaste de hacer o no pudiste hacer por estar a mi lado cuando creías que eras imprescindible para mí.

Puedes hacerlo porque eres fuerte y valiente. Si pudiste hacer malabares para acompañarme hasta aquí, puedes soltarme poco a poco y disfrutar por fin de tu vida.

Esto no signifique que deje de estar en tu vida ni tú en la mía. Nadie está abandonando a nadie. Al revés. Se trata de respetar y de dejar paso a una vida mejor para todos.

Cuando lo logres, verás que todo lo que te estoy diciendo es tan real como que estás leyendo esta página y estás más emocionada y emocionado que viendo un peliculón de esos con mil nominaciones. Lo sé.

Si eres de las personas que lo ha logrado y ya ha dado ese paso, GRACIAS y enhorabuena por ser de los míos, de los que nos atrevemos y, si nos equivocamos, pues repetimos y repetimos hasta que sale bien.

Si eres de los que ya está dando el paso, estarás sintiendo una sensación de impulso hacia arriba, como un cohete.

Si eres de esos, sientes que has logrado tanto en esta vida que eres capaz de mucho más. Sientes un enorme orgullo hacia la persona que has acompañado y acompañas.

Te sientes como el aire que grita contra dirección capaz de moverlo todo sin tocarlo.

Sientes que eres feliz y que haces feliz a la persona que acompañas.

Sientes que no dependen de ti y que tú no eres dependiente de esa persona por haber vivido tanto tiempo a expensas de lo que él o ella ha ido necesitando día a día.

Así que, si has dado el paso número trece, te sientes así. Disfruta y no te sientas culpable por ello.

Y si no lo has dado, ahora tienes recursos de sobra e información de primera mano y de fiar para que lo hagas. Camina y no te pares. Camina y no des la vuelta. Camina y mira hacia delante, disfrutando de cada paso que das, recordando cada paso que diste y sintiendo la seguridad de cada paso que vas a dar. Pero, sobre todas las cosas, disfruta del paseo, que es lo que nos queda, a fin de cuentas.

Me gustaría aprovechar para dar las gracias a todas esas personas que nos dejan ser nosotros mismos y, a la vez, nos acompañan en todo el trayecto. Gracias por ser tan especiales y por saber amar sin más. Eso es justo lo que necesitamos, pero no solamente las personas con autismo, sino todas las personas. Tú, yo, ella, él y nosotros. Absolutamente todos.

Este libro no es sólo un libro basado en el autismo y la perspectiva como adolescente y tránsito al mundo adulto. Es mucho más y, a estas alturas de la lectura, ya te habrás dado cuenta de ello.

Haz que sea especial. La normalidad está ya muy vista.

PASO 14.
ME ENSEÑASTE

Me enseñaste tanto que mucho de lo que soy es por toda esta enseñanza.

Este paso habla de la enorme importancia que tiene la convivencia, el ejemplo, la imitación, los roles, patrones… En definitiva, este paso va de la influencia que tenemos sobre nuestros seres queridos, sobre todo si esos seres queridos son tus hijos o hijas, menores a tu cargo con cualquier vínculo que te una a ellos.

Este paso va de todo lo que me has dado para fabricar mi propio ser y lo que va a marcar mi futuro y ha marcado mi pasado y hoy está marcando mi presente.

Con este paso que debemos dar todos, o deberíamos. Nos hacemos conscientes de nuestra responsabilidad cuando decidimos cuidar de alguien que está por debajo de nosotros en cuanto a edad y condición de vida se refiere.

En la actualidad está pasando algo que ya no se puede frenar. O sí, no lo sé. No soy vidente.

He visto cómo muchas personas se esperan a tenerlo todo, a haber vivido todo para, cuando ya están "aburridos", decidir cuidar de otro, sea hijo, sea perro gato, o haciéndose voluntario de una asociación u obra social.

Qué rápido he resumido algo tan complejo como real y qué triste. Es así, nos guste o no. Te hayas enfadado o no. Te sientas identificado o no.

Lo siento, tengo autismo y las cosas se dicen como uno mejor sabe. Lo mejor es decirlas, buscando la manera más apropiada, pero siempre mejor decirlas.

Recuperando la idea del párrafo anterior, ahora debe haber muchos lectores analizando o autoevaluando muchas circunstancias personales.

Así es como se da este paso. ¿Qué me estás enseñando?

Cada persona es muy libre de decidir cuándo se siente preparada para dar, entregar o cuidar a otra persona, pero, cuidado, porque ningún ser humano viene a llenar vacíos ni huecos, y menos a cumplir unas expectativas porque todas las anteriores ya las has conseguido realizar.

¿Qué me enseñas tú si haces esto de lo que te hablo? ¿Qué me enseñas cuando decides ser padre, madre o tutor legal solo cuando ya lo tienes todo hecho? Me enseñas a que soy la siguiente "cosa" o "proyecto" que tiene que salir bien porque ahora toca esto, ahora toco yo y tiene que salir perfecto.

¿Qué me enseñas? A que tengo que ser perfecto y, si no lo soy, ya no formo parte de ese proyecto. Tú que lo tenías todo planificado, organizado y que ahora, que "estabas aburrido o aburrida", que necesitas más, decides hacer algo más grande que todo lo anterior.

Y resulta que este "proyecto" no está cumpliendo con las condiciones que tú esperabas, ni con los plazos, ni es proporcional el gasto de energía, tiempo y esfuerzo a los resultados que te estoy dando. Eso me estás enseñando.

Te olvidas de que soy un ser viviente, con mi propia misión de vida, con amor, con sentido, con significado y con la independencia de un ser individual que no ha venido aquí a cumplir tu plan de vida, si no el mío propio.

Así que, por favor, si deciden ser padres o madres a una cierta edad, con todo "perfecto", háganlo desde este paso catorce tan maravilloso que es ME ENSEÑASTE.

Porque si me enseñas a ser un proyecto, un negocio, un trabajo más, mi persona como adulto te verá a ti como padre cuando seas mayor, de la misma manera.

Porque, hoy en día, están los colegios llenos de niños y niñas perdidos por no saber cuáles son los apartados del proyecto que tienen que llevar a cabo. Llenos de ansiedad, de competitividad, como si fueran los componentes de un networking al servicio de una empresa a la que se han visto contratados desde antes de nacer para cubrir una vacante y ganarse el más alto puesto de todos. Y, si no llegas, ya no sirves.

Y si no sirves, la empresa se quiebra y los directivos (tus padres) ya no te ven rentable y te van dando puestos de poca importancia y no te dedican el tiempo que se esperaban.

Ya no resultas rentable, ya no cuentas como antes, acabas dando tumbos de una empresa a otra (abuelos, ludotecas, guarderías, canguros, actividades múltiples para ver si mejora el rendimiento...)

Todo esto es lo que me enseñas si no sabes dar este paso catorce. Sinceramente, yo no habría querido nacer o ser adoptado en una familia así. Creo que nadie, ¿verdad?

Pido disculpas por los daños colaterales de este paso tan necesario y aprovecho para ver la parte opuesta y tan positiva.

ME ENSEÑASTE es el paso que dais las personas que decidís ser padres, madres, responsables o tutores por el deseo de dar, sin más.

También quedáis de esos, no muchos, pero aún existís. Por todos vosotros y vosotras, muchas gracias.

Es sencillo. Venís a este mundo con una misión de vida, como todos. Lo hacéis lo mejor que podéis. Sois luchadores incansables por mejorar vuestra vida sin querer superar los objetivos de nadie, solamente los vuestros y jamás confundís un proyecto laboral con la vida personal.

Es fácil. Sois personas que disfrutáis viviendo sin ser prototipos de lo que la sociedad busca, y no deseáis destacar por encima de los demás y tenerlo todo.

No es difícil. Se trata de mujeres y hombres que solo "compiten" por vivir su propia vida, sabiendo diferenciar lo que es una VIDA y su camino, su superación personal e individual de lo que significa encajar en lo material que nos marca la sociedad.

Es sencillo darse cuenta desde una edad bien temprana cómo eres tú, tu esencia, lo que deseas a lo que te pueden inculcar o pedir externamente para que seas productivo. Eso lo ves desde pequeño, cuando empiezas a embarcarte en pruebas y exámenes o realizas actividades deportivas y todo lo que conlleva.

Es justo en ese momento cuando tú vas decidiendo qué clase de persona quieres ser, si de las que enseñan a vivir y a amar o las que enseñan a sobrevivir, encajar y ser lo que la sociedad espera que sea (que además es cambiante, porque la sociedad te ve como un producto, y ese producto cambia en función de las necesidades de la empresa).

La vida no es una empresa, no es un negocio, no es un proyecto. Es simplemente la vida, sin más.

Algo tan grande no puede ser transformado ni transgredido en lo que hoy está quedando supeditada.

Haz una reflexión, para un poco, sin dejar de caminar, medita y piensa antes de ser padre o madre y piensa lo que significa realmente dar vida.

Si ya lo eres y aún no lo habías visto de esta forma, aún estás a tiempo de rectificar con lo que estás enseñando. Si quieres.

Si aún no lo eres, piénsalo muy bien. Porque se trata del mayor acto de generosidad que harás en toda tu vida. Si no estás preparado, no lo hagas. Todos seremos más felices.

Si lo eres y este paso te lo conoces como si fuera la palma de tu mano, muchas gracias. Lo que necesitamos todos son personas así para que el mundo siga girando en un plano de generosidad recíproca.

Personas que me enseñan a dar y que saben recibir, porque todo nace de dentro de forma natural, del interior más sincero y sin casi tener ni que pensarlo.

Es que este paso ni siquiera debería tener que ser explicado, de hecho, no debería estar incluido en el libro.

Debería nacer de forma espontánea en cada uno de nosotros, pero dadas las circunstancias y la realidad en la que nos encontramos, este paso es necesario, básico e imprescindible para poder ser un buen TEA-COMPAÑO.

No quiero ser el típico TEA que lo ve todo negativo y entra en bucle. Disculpa si te he dado esa impresión.

Lo que quiero es que veas la forma en la que nosotros entendemos la vida. La forma en que entendemos nosotros la vida es la más pura y original, no está deteriorada o "contaminada" por otras influencias que entiendo que son importantes para vosotros, y seguramente para nosotros también, porque también nos gusta encajar y sentirnos de una misma "empresa".

Sin embargo, con este paso, lo que intento es dar un toque de atención a la situación que estamos viviendo hoy en día. A mí no me hace feliz, al resto, diría que tampoco.

Podemos arreglarlo, podemos revertirlo. Puedes hacerlo, merece la pena y la alegría.

No hay razones para no dar el paso y hay muchas para sí darlo.

También eres muy libre de decidir no ser un buen "TEA-COMPAÑO". Lo respetamos. No te juzgamos. Es tu vida y tú decides si quieres vivirla como tal o como una empresa de más o menos éxito. Tú también eres dueño de considerar qué es para ti el éxito y qué el fracaso.

Yo sólo he venido aquí a dar otros puntos de vista que a lo mejor no has considerado nunca o a lo mejor sí.

Considero que mi paso por la vida está siendo útil para muchas personas. Me siento útil y por eso soy feliz.

Sé que hay muchas cosas que no se pueden ver. Sé que hay mucho que he logrado que no se puede comprar, ni poner precio ni valor material.

Tú puede que seas capaz de ver esas cosas y apreciarlas, pero también puede que no. De esto trata la vida, de seres diferentes que la llenamos con nuestra diversidad y la completamos.

Otros lo llaman libre albedrío. Aquí lo llamamos decidir dar el paso ME ENSEÑASTE o no darlo.

Además, quiero añadir una cosa en la que probablemente no hayas caído. Se trata de que eres lo que atraes. Si decides un camino, durante el trayecto encontrarás personas que han elegido tomar las mismas decisiones que tú ante la vida.

Si decides otro camino, ocurrirá lo mismo y, entonces, te acabas rodeando de algo similar.

Siendo más claros o no. Si decides vivir la vida en su esencia, te llevará y te traerá a gente igual a ti en ese aspecto.

Si decides vivir la vida como una empresa, te llevará y te traerá a personas que vean la vida en torno a lo material, al éxito físico, a lo rentable.

Nadie es mejor que nadie. Son diferentes formas de ver la vida, de concebirla y de ser feliz.

Elijas la que elijas, que sea el camino hacia tu felicidad. Si luego no eres feliz, posiblemente elegiste mal y ahora estás en un camino equivocado, rodeado de gente que no te aporta lo que necesitas. Lo bueno de esto es que ahora ya sabes el motivo de tu infelicidad y puedes cambiarlo.

También tienes que saber que, si decides cambiar de camino, ese cambio no será liviano ni fácil. Todos los cambios se llevan a personas y a situaciones y traen otras.

Tendrás que afrontarlo y aceptarlo. No puedes querer cambiar sin aceptar el cambio. Así tampoco serás feliz.

Quiero terminar este capítulo contento. Lo estoy. Sé que el mundo está lleno de personas maravillosas como tú, que ahora me estás leyendo.

Tú que seguro habrás librado mil batallas para haber necesitado hoy estar leyendo esta historia.

Por ello estoy contento. No hay palabras que puedan expresar lo que se siente cuando conectas con personas que no abundan.

Es complicado escribirte lo que siento cuando por fin me topo con alguien como tú.

Puede que aquí no sepa transmitirlo, pero si me vieras. Estarías delante de un chaval de dieciocho años con 1,83 de altura creo, con una mirada persistente y un brillo que te hará querer saber qué se esconde detrás de ella.

Te garantizo que no te defraudaría si te atreves a conocer de verdad qué hay detrás esta mirada.

Gracias por tropezarte en mi vida y por quedarte en ella.

PASO 15.
GRACIAS. ELIJO LA PAZ

Enlazo el gracias del paso anterior para iniciar este paso tan increíble y necesario también.

La Paz. Esa palabra que en los últimos años se ha puesto tan de moda y hasta hay un día internacional cada año para celebrar y hacer cosas súper bonitas.

Sí, el día de la Paz. El 30 de enero.

Cada año en los coles e institutos hacemos millones de actividades para celebrar el significado que ella tiene.

Es genial. Me gustaba vestirme de blanco y las carreras solidarias. No me gustaba tanto el desajuste a nivel rutina cada año, justo después de las vacaciones navideñas, otra semana de sorpresas y jaleos varios.

Jaleos varios que se enlazan también después a San Valentín, el Carnaval, Día de Andalucía (que odiaba por el jamón serrano con tomate en los recreos), semana cultural, semana santa, Día del libro… Y así sucesivamente, "un no parar".

Entiendo que todo sea importante y que, si hay que celebrarlo, se celebre, pero… ¿Se está pensando en los niños y en los maestros? ¿Se da el resto del mundo cuenta de todo lo que este nuevo concepto de escuela está conllevando?

Yo no lo sé. Solamente soy un adolescente tea, con una larga trayectoria escolar que, desde luego, ha sido muy movidita.

Y muchas veces, si me hubieran preguntado, habría elegido LA PAZ, pero la de verdad. La tranquilidad.

Seguro que habrá muchos otros alumnos y profesores que se sienten como yo. Y también algunos padres.

Se nos ablanda el corazón después, ya cuando la actividad ha quedado súper chula y emotiva.

Pero, realmente no creo que sea necesaria tanta celebración ni tanta efeméride obligatoria.

Aprovecho para informar a todas las familias que aún no saben que esa programación viene impuesta desde arriba, que no son los maestros de los centros los que se vuelven locos por parar sus actividades diarias y hacer una fiesta detrás de otra.

Lo digo porque mi madre es maestra, le gusta salir de la rutina y participar en todo o casi todo, pero queremos que sepáis que no es decisión del profesorado, sino que está impuesto por la institución de educación a nivel estatal y comunitario.

Yo, muchas veces habría elegido la paz, saltarme alguna fiesta, incluida la del día de la PAZ.

No sé si vosotros también o no. Solamente quería compartir un hecho que seguro que no es solamente un deseo mío.

Seremos más de dos y tres personas como yo.

16. AGRADECIMIENTOS.

Me encanta este paso. Lo doy cada día. Los que me conocéis, sabéis que adoro este paso.

Gracias a ti, por ser esa persona que está caminando a mi lado mientras lees mi libro.

Agradecido por la oportunidad que me ha dado la vida de poder verla desde otro prisma.

Eternamente agradecido de ser quién soy, cómo soy, dónde soy y hacia dónde soy. Suena raro, pero verás cómo no lo es.

Agradecido por tener el potencial que la vida me ha regalado para hacerte ver a ti que hay otras formas de vivir.

Gracias por tener esa sensibilidad para poder apreciar más que la mayoría.

Me siento agradecido por estar rodeado de personas que cada día me han hecho mejor y se han hecho mejores junto a mí.

Agradecido de saber que quien sigue a mi lado es simplemente porque me quiere en su vida, es por amor. No hay más trasfondo.

Claro que doy las gracias cien mil veces al día, por todo, cada detalle y cada gesto. Hasta a mí mismo me las doy. No es común, lo sé.

Pero sí, estoy agradecido hacia mí mismo por lograr todo lo que he conseguido hasta llegar a mis dieciocho años.

Me agradezco el esfuerzo, la persistencia, la sonrisa, el auto-cuidado. Me lo agradezco. Prueba a hacerlo tú, por si se te olvida todo lo que haces cada día por ti y por los demás.

Agradecido por ser como soy, por tener la facilidad de sonreír todos los días y pase lo que pase.

Agradecido por haber desarrollado cada día más la capacidad de la empatía, el ponerme en tu lugar y saber cuándo sufres, cuándo estás triste o alegre.

Doy las gracias, porque, aunque me cueste, he logrado buscar formas de cuidarte, de acercarme a ti y de querer darte lo que necesites.

Agradecido por la suerte de saber que estoy rodeado de personas que ven la vida de múltiples colores y se adaptan para mí como yo lo hago cada día para ellos.

No puedo sentir más agradecimiento. Es la cúspide de la felicidad cuando sabes que la gente que tienes a tu lado solamente quiere eso, estar a tu lado.

¿Tú puedes sentirlo? ¿Puedes asegurar que todas las personas que tienes cerca de ti lo están simplemente porque quieren permanecer a tu lado?

Yo estoy agradecido porque veo que hay mucha gente que está rodeada de personas, muchas personas, amistades, compañeros, grupos, familiares, asociaciones, partidos políticos, religiones, trabajos, empresas… Y es alucinante. Siento admiración. Me gusta todo eso, yo soy un "autista mega sociable", pero, ojo, creo que he aprendido a diferenciar.

Sí, parece que me cuesta, es cierto, pero mis "rarezas" son un maravilloso filtro para mí, porque hacen que muchas personas que, sin querer o queriendo, están a mi lado con otras expectativas o intenciones, se retiren a tiempo. ¿Puedes decirlo tú esto de lo que hablo?

Te lo cuento porque he visto a seres queridos míos chocar una, dos, tres o más veces con este fenómeno del que hablo.

Y yo me siento agradecido, porque tengo el poder de hacer que quien me da la mano va a ser una mano totalmente sincera y limpia.

Si no lo eres, tu mano durará muy poco sujetando la mía. Lo sé sin necesidad de hacer nada.

Agradecido por ello.

A ti que me estás leyendo y no tienes esta suerte mía, te agradezco que me leas bien y me hagas caso.

Da gracias siempre a todas las personas que se acerquen a ti, pero, después, necesitas un filtro, si no es como el mío, construye uno.

Fabrica uno que te haga darte cuenta más pronto que tarde si esas personas se acercaron a ti por ser tú.

O resulta que fue por lo que representas, lo que puedes darle, lo que puede ascender a tu lado, lo bien que le quedas, a modo de bolso u otros complementos varios. Piensa si esas personas llegaron a ti cuando estabas mal, bien, regular o en algún momento álgido de tu vida.

Párate a pensar qué hacen o cómo actúan en determinadas fases de tu vida.

Y, sobre todo, no te dejes llevar por el don de la palabra. Yo no puedo sentirme agradecido por eso, porque no lo tengo.

Enhorabuena a los que tenéis el don de la palabra. Es muy útil. Es una herramienta muy potente tanto para hacer bien como para hacer mal.

Si es tu caso, te agradezco que lo uses siempre para bien. Que no manipules para sacar provecho, que no juegues con los sentimientos de los que no tenemos ese don, porque nos creemos lo que dices, todo lo que dices.

Te agradezco que, si usas este don, seas bueno, no lo utilices para conseguir de los demás todos tus propósitos y deseos por encima de lo que estás diciendo.

Te agradezco que utilices el don de la palabra para ayudar a expresar a los que no lo tenemos, pero no lo uses para sacar provecho. No seas trepa, no te hace falta. Tienes un poder muy fuerte, no necesitas usarlo como arma, esto no es una guerra. Elijo la paz.

Siento haberte decepcionado con mis agradecimientos. Seguramente esperabas lo típico. Seguramente pensabas que sería un capítulo de mencionar a todas las personas que están en mi vida. Y lo estoy haciendo, aunque no lo veas. Lo hago desde que empecé a escribir este libro y hasta el final del mismo, pero no te preocupes, que este paso no termina así. Ni mucho menos.

Agradezco por ser una especie de guardaespaldas para mi madre. Sí, te explico. No sabría decir, a lo largo de mi vida, que ya no es tan corta, el porcentaje de personas que se acercan a mi madre a través de mí. Es lógico. Tanto para bien como para mal, si sabes ver qué es lo que le da sentido de vida a una persona, y quieres acercarte a ella, te centras en eso.

Y eso, en este caso, soy yo. Entonces, digo que estoy agradecido porque, aunque no lo diga, yo he aprendido mucho, y sé que soy el mayor guardaespaldas que puede tener. Si yo no estuviera, a lo mejor tendría mucha más vida social, no lo sé. Pero tampoco sé cómo estarían "sus espaldas".

¿Sabes por qué? Ella ha estado tan centrada en mí que no se ha parado a poner esos filtros de los que hablaba en párrafos anteriores. A poco que alguien se acercase a través de mí… Ya era todo confianza.

Hoy, gracias a mí también, esto ha cambiado. No voy a entrar en más detalles, porque es un apartado de agradecimientos, así que, gracias por hacerme ser yo, Álex Rodríguez Sánchez.

Gracias a todos los que habéis hecho de mí la persona que soy hoy. Con mis defectos, mis virtudes, mis manías, mis traumas, frustraciones, dones, aprendizajes, capacidades y sentimientos.

Gracias por ser un buen TEA-COMPAÑO. Sí, a ti que me dejas que te eche el brazo por encima y te cuente cosas al oído sin que te moleste.

Gracias por ser un amigo para mí y escuchar mil y una vez mis centros de interés sin preguntarte muchas veces cuales son los tuyos.

Gracias por identificar la tranquilidad que te aporto cuando te doy la mano.

Gracias a ti por mirarme a los ojos cuando te hablo y no aburrirte con lo que ves.

Gracias a ti, que no me acompañas temporalmente un día porque sabes que verte a mi lado te dará buena imagen social.

Gracias a ti, que sientes amor por mí, a tu manera, y no cabe en ti ni un ápice de vergüenza por estar a mi lado.

Gracias a personas como tú, que sois felices a mi lado y sentís admiración por las cosas que sí sé hacer mejor que la mayoría.

Gracias a personas como tú, que descubren cómo pueden mejorarme las cosas que me cuesta realizar.

Gracias a todos los que estáis en mi vida, los que habéis estado y los que estaréis.

Gracias, porque sin vosotros, yo sería otro, y ese otro no soy yo.

Podría escribir millones de páginas dando las gracias uno por uno, a lo mejor debería, o a lo peor no.

Sin embargo, no lo voy a hacer.

Por mi esencia, los que estáis en este capítulo, sabéis perfectamente los que sois.

El día que quiera o considere, te daré las gracias a título individual y en persona de una forma súper sincera.

Así como el día que sienta la necesidad de reconocerte algo en público, también lo haré, hasta con galardones, un micrófono y mi soltura en los escenarios (prometo llevar corbata).

Pero hoy no es el momento para eso. Porque yo ya me he cansado un poco de ver y asistir a galas llenas de placas de agradecimiento, fotos, premios… Están perdiendo la esencia.

Busco otra forma de hacerlo. Espero encontrarla. TEA-SE-GURO que la encontraremos.

PASO 17.
GUIA DE CÓMO SER UN
HERMANO NEUROTÍPICO

Hola, me llamo Hugo y tengo nueve años ya. El tiempo pasa rápido y ya no soy el pequeño de la familia.

Soy el hermano de Álex, su hermano menor, el que llegó a los ocho años de él nacer para modificarle hasta ser quien es ahora.

Yo no sé cómo sería una vida sin él y tampoco me interesa saberlo.

Pero este es mi capítulo y me toca hablar de mí también.

Nací un siete de agosto de 2014. Hacía un calor en Almería que flipas.

El embarazo de mi madre fue bastante peculiar, como todo lo que hace. Esa es la verdad.

A los tres meses de embarazo, fue a una revisión ginecológica rutinaria. La típica eco que hacen para saber tus padres si vas a ser niño o niña, y salió de allí en silla de ruedas y con un regaño.

Resulta que, al lado de mi mini-cabeza, había un acompañante. Un hematoma retrocorial más grande que mi cabeza.

Ella sentía una presión en el vientre, pero pensaba que era parte del proceso. Pues nada, reposo, heparina por un tubo y a esperar.

La verdad es que yo era muy movido ahí dentro y le daba enormes patadas, tantas que, a veces, se veía la planta del pie perfectamente.

Pero recuerdo un embarazo tranquilo yo, jajajajaja, claro, ahí a gustito, no dormía nunca solo, calentito y con pocas voces externas salir de tono.

Los primeros tres meses escuchaba gritos de millones de niños a la vez y unos jaleos de unidades didácticas y claustros o no sé qué historias.

Luego, ya me di cuenta de que mi madre es maestra y yo el hijo menor de la misma, pero de eso hablaré más tarde.

Su embarazo, la verdad, es que fue a mejor. Su reposo acabó siendo no tan estricto y teníamos que ir a la playa andando todos los días y a nadar, junto con las inyecciones de heparina. Nos volvimos atléticos los dos, yo dentro, eso sí.

El médico le decía que necesitaba una mujer fuerte, y vaya que si la conseguimos.

El día que nací, el parto fue programado. Les daba miedo arriesgarse.

El problema vino después. Le dejaron la oxitocina puesta y aquello empezó a hacernos un efecto muy rápido y brutal a ambos.

Yo no paraba de escucharla decirle a mi padre que todo iba muy rápido y después fue algo imparable. Su respiración, sus palabras pidiendo ayuda, y el sonido que hicieron sus caderas al tener que colocarme tan rápido, porque algo me estaba empujando, algo me estaba pasando y no era mi ritmo… ni el suyo.

Mi padre estaba allí, y ella le decía "¡llama a alguien!". Él se asomaba, pero no había nadie cerca y no quería dejarla sola.

No podía soportar el dolor más intenso que ha sentido en toda su vida, sentía que le faltaban las fuerzas y gritó tanto que me asusté hasta yo.

Le dijo a mi padre que la escuchara con una voz entrecortada por la respiración y la poca energía que le quedaba para poder centrarse en lo que le iba a decir: "No puedo más. Sabes que aguanto muchísimo el dolor, pero aquí ha pasado algo con la oxitocina. No lo sé, no me quedan fuerzas. Si no salgo de ésta, ya me da igual, porque mi cuerpo no aguanta más. Lo único que me importa es saber que vas a cuidar de Álex y de Hugo. Promete esto ahora y yo me iré en paz".

Entonces se levantó, se incorporó de la cama, se quedó sentada, tiró de las sábanas blancas como si fueran las cuerdas de una polea, gritó como en la mejor peli de miedo que habrás visto en tu vida. Al sentir todo esto yo, hice igual desde dentro, y salté disparado hacia fuera, como un delfín, pero blanco, blanco, como la cara de mi padre al verse solo, yo en la cama, sin respirar y mi madre sentada diciéndole: "¡Corre, límpiale la nariz y la boca que no llora, no está respirando! ¡Coge la sábana y limpia rápido!"

Mi padre lo hizo y comencé a llorar de inmediato. Entonces, ya acudieron a verme.

Me pusieron encima de mi madre, en su pecho, y fui feliz. La placenta aún estaba dentro, esa cosa que me daba de comer, se quedó dentro de mi madre y el cordón aún seguía conmigo todo el tiempo.

Mi madre comenzó a sonreír mientras había bastante movimiento y nerviosismo exterior. Nos llevaron a toda velocidad al paritorio, y por el pasillo vimos a un hombre con cara de circunstancias, vestido de normal, mirando con preocupación. Ese hombre sería después mi pediatra.

Mi madre había sufrido eso que decís que son desgarros, claro, es que fuimos muy rápido, fue todo en veinte minutos.

Al día siguiente ya estábamos en casa. Todo aparentemente bien, pero no lo estaba.

Era delgadito, pero comencé a adelgazar un poco en la segunda semana de vida y, de repente, una noche, la fiebre se apoderó de mí a lo bestia, también era imparable.

Al final acabamos en urgencias, y todo lo demás ya fue una pesadilla detrás de otra.

Me pinchaban a todas horas, me hacían millones de pruebas y ese hombre que vi nada más nacer estaba muy asustado.

Descubrieron el origen de mi enfermedad. Era una bacteria que se había alojado en mi organismo y que estaba creciendo tan rápido en mí que, si llegaba a apoderarse del torrente sanguíneo, moriría ya.

Así que, pasamos dos semanas en el hospital ingresados mi madre y yo.

Me volví temeroso de perderla, porque cada vez que alguien venía era para arrebatarme de sus brazos y pincharme vías para inyectarme antibióticos y matar a la bacteria antes de que ella acabase conmigo.

Todos los días igual, me ponían la vía en una mano. Dado que las venas, cuando somos recién nacidos, son muy pequeñas, esa operación había que repetirla muchas veces, cambiando de manos, y de pies. Yo no podía más y mi madre tampoco.

Al final, consiguieron que el nivel de glóbulos blancos, plaquetas y glóbulos rojos alcanzara el nivel normal, porque la bacteria me estaba dejando sin glóbulos rojos, como los vampiros. A lo mejor tengo estos colmillos por esa razón.

Una experiencia así marca la personalidad y la vida de una persona para siempre y yo, nada más nacer, me la encontré así. De pronto, pum.

Nunca sabremos cómo habría sido mi carácter ni mi personalidad si no hubiera vivido aquellos momentos.

Pero lo que sí sé, es que yo me volví temeroso. Con un continuo temor a quedarme solo y a que me llevaran de los brazos de mi madre y no poder ver a mi padre ni a mi hermano durante más de dos semanas. Totalmente aislado de mi familia.

De ahí vinieron ya muchas cositas que no voy a contar, por ahora.

Recuperé la salud, el peso y mis ojos volvieron a brillar como siempre lo han hecho, y fui un bebé súper feliz, inquieto, curioso, despierto y muy, muy observador.

Aprendí pronto a hablar, me encantaba bailar. Mi madre siempre ha dicho que mi etapa de bebé se pasó volando. Dice que la de Alex, y toda su infancia, fue más lenta y le dio tiempo a saborearlo todo, lo bueno y lo no tan bueno, pero conmigo no, fue como algo que te gusta tanto que se pasa rápido y ni te enteras. Pues algo así.

Ella dice que no sabe si eso es lo normal para todos los padres con niños como yo, "neurotípicos" o ha sido un caso particular. No podemos saberlo. ¿Tú? Aceptamos experiencias. ¿Me la cuentas?

He sido un niño bastante tímido siempre. No me gusta llamar la atención, me encanta ir sobre seguro de todas las cosas.

Esto contrasta mucho con que nunca me ha importado el qué dirán ni las modas. Si algo me gusta, me lo pongo y, hasta ahora, me ha dado siempre igual hasta que se rían de mí, salvo en los carnavales. Ahí también soy contradictorio. Adoro disfrazarme y soy muy creativo con los disfraces. Los disfruto con mi madre en casa, pero cuando llega la hora de salir a la calle, ahí me entran todos los males, no quiero que me miren o llamar la atención por encima de los demás, no me gusta destacar. Entonces, es la misma historia cada año dos veces anualmente, mínimo. Le doy ideas, me las monta, me disfraza, me maquilla, y entonces después no quiero ir. Al final, negociamos parte y parte y voy… ¡Qué sufrimiento más divertido!

Esto, a mi hermano no le pasa, porque le encanta disfrazarse y no tiene sentido del ridículo para ese tema, y eso me gusta de él.

Yo me lo encontré en mi vida desde que existe y lo quiero mucho, pero no se lo digo. De pequeño sí, y nos peleábamos, pero también nos reconciliábamos con besos y abrazos. Muchos, además. Yo siempre he sido bastante intenso con las emociones, y él también. Lo que pasa es que él es el mayor, jajajaja. Ahora yo también me estoy haciendo mayor.

Bueno, a lo que iba, que se me dispersa la atención muchas veces a mí. Soy el menor y único hermano de Álex, un chico con autismo, y voy a contarte mi experiencia. No sé si es como la tuya o será parecida o te pueda ayudar o ayudarme tú a mí, pero estoy seguro de que nos vamos a aportar mucho durante estas letras.

El otro día, mi madre me hizo una entrevista informal. Yo estaba jugando y me dijo: "Aprovechando que estamos aquí los dos juntitos y a solas, siéntate a mi lado que te voy a hacer una entrevista".

Yo me asusté un poco. Imagino que pensé en una entrevista de esas de la tele; luego ya me di cuenta de que era algo informal. Me preguntó que si me gusta ser el hermano menor. Y no lo pensé ni un segundo, le dije que sí.

Después quiso saber cuándo me di cuenta de que mi hermano tenía autismo. Pues, la verdad es que me quedé callado. No lo sé, mis padres me lo dijeron y ya no recuerdo nada más. Bueno, puede que cuando tenía siete años de edad y él dieciséis, ahí si vi algo. Yo nunca sentí nada raro y jamás me avergoncé de sus comportamientos ni nada por el estilo. Me preguntó si sentía miedo y le dije que no.

Me volvió a preguntar lo mismo, pero especificando:

—¿Tienes miedo a que le pase algo a tu hermano?

Entonces, sin dudar y de forma rápida, dije que sí. Sí tengo miedo de que alguna vez alguien se meta con él o le dé una paliza.

Después me pidió que pensara cómo sería un futuro con él y le respondí:

—No tengo ni idea. Depende, si no deja de ver Pesadilla en la cocina todo el tiempo no podrá ser mayor. Debería no verlo a todas horas.

Luego me preguntó que si me gustaría tener más hermanos y que cómo me gustaría que fueran:

—Sí, una hermana. No sé cómo me gustaría que fuera. Que sea deportista, que le guste el deporte. Que sea como yo.

Y de repente me dijo:

—¿Eres feliz?

—Sí.

—Del 1 al 10 ¿Cuánto?

—Un 9.

—¿Por qué no llega a 10?

—Me gustaría que mi hermano y mi padre no se "pelearan". No me gusta. Se pican todo el tiempo.

Me siguió preguntando que si me sentía diferente al resto de niños.

—No. Soy como los demás.

La siguiente pregunta fue que si ellos, o sea, mis padres, me trataban como a mi hermano.

Contesté que sí. Como a mi hermano. A veces mejor, incluso, no lo sé.

Después me dijo que, si yo me sentía amado como él, menos o más,

Y yo le respondí que sí, que mucho, que igual que a mi hermano.

—¿Crees que él te quiere?

—Nunca se lo he preguntado. Creo que sí. A veces sí se lo he preguntado y solo me dice sí.

Ya me estaba hasta gustando la entrevista.

—¿Te gustaría ser como él?

—Creo que no. Lo tiene que pasar mal.

—¿Cómo crees que serás tú de mayor?

—Yo quiero ser futbolista, portero, buena persona y no quiero tener hijos.

Después me dijo que cómo me siento si alguien se burla de mi hermano.

—Me siento mal, incómodo y quiero que pare ya.

—¿Qué piensas hacer cuando seas adulto?

—Viajar por el mundo acompañado de todos vosotros.

—¿Tu color favorito?

—El amarillo y el azul.

—Dime una palabra que te describa.

—Guapo.

—¿Tu animal favorito?

—El león y el perro.

—Dime el sueño de tu vida.

—Ser futbolista, baloncestista

—Gracias, Hugo, por tu sinceridad.

—Vale. ¿Puedo irme ya?

—Claro.

Nos dimos un abrazo y seguí jugando, aunque más en silencio que antes.

Mini-Guía de cómo ser un hermano "neurotípico" y no sentirse un astronauta.

La verdad es que he vivido muy pocos años en este planeta como para sentirme capacitado en crear una guía, por muy mini que sea, aunque quizá haya vivido muchas más cosas y experiencias enriquecedoras que más de un adulto que nos encontramos por ahí.

Así que sí. Si te puedo ayudar, o te hace sentir mejor. A mí también me ayuda, porque me cuesta comunicar, sí. A mí también. El que no llama la atención por sus manías puede que también se sienta aislado o puede que piense que lo más adecuado es guardar silencio. Y no siempre es lo adecuado.

Puedo dar unos pasos orientativos y comenzar una excursión que te puede encantar.

Acuérdate de llevarte una mochila llena de empatía, concentración, imaginación y muchos sueños por cumplir.

PRIMER VIAJE:

La verdad es que mi primer viaje ya lo he contado unos párrafos más arriba. Imagino que empezó cuando decidí nacer y, desde ese momento comenzó mi primer viaje.

Debes saber, o a estas alturas ya lo sabrás, cuando aterrizas como astronauta en un planeta desconocido, por muchos habitantes de este planeta que te reciban con los brazos abiertos, la sensación de estar desorientado no te la quita nadie.

En este primer viaje, te sientes querido y protegido, pero, a la vez, sientes una especie de soledad y aislamiento. No sé si es la escafandra o el traje. A la vez, me siento muy a gusto con mi traje de astronauta, es la verdad, y no me lo quiero quitar, pero no sé si me llega todo el aire que necesito para respirar amplio y profundo.

Cuando tú llegas por primera vez a un planeta y, encima, es tu primer viaje, piensas que lo primero que te encuentras es lo habitual. Lo aceptas y te adaptas.

Cada astronauta tiene su personalidad, eso es evidente. Los hay más inquietos, más curiosos, más tranquilos, más despiertos, más dormidos, más conformistas o más revolucionarios, pero, lo más importante es que hayas llenado bien tu mochila desde el primer viaje

Una mochila que no pese, pero que esté completa de lo que te decía antes. Con esas cosas, tus viajes serán un éxito garantizado siempre. Habrá viajes más o menos maravillosos pero el éxito es seguro. Así que revisa bien tu mochila.

No pasa nada si se ha olvidado algo, reponlo lo antes posible y continua tu camino. Recuerda también que, a lo largo de los viajes, alguna de las cosas se te puede agotar. Es normal. Recuerda volver a colocarlo cuando se agote.

Mira bien si la cantidad de todo es proporcional para que la mochila no pese más de la cuenta o el resultado no será gratificante. Si todo esto lo tienes ya más que asimilado. Enhorabuena, Eres un astronauta experimentado y ya has realizado tu primer viaje. Vamos a por el segundo.

SEGUNDO VIAJE:

Este viaje es como todos los segundos. Cuando ya no eres novedad, no eres el único astronauta. Pasas más desapercibido, pero no pasa nada. El viaje es toda una aventura. Es tu aventura. No importa si causas más o menos expectación en el planeta.

Lo más importante del segundo viaje es que no pierdas la ilusión. que sigas con las ganas de aprender y descubrir cosas y, algo muy importante, intenta no comparar con el primer viaje, porque no se va a parecer en nada. Y de eso se trata. De que sea todo lo más nuevo posible.

Aquí, ya de segundas, te dejan más a tu aire, te reciben y tal, pero te suelen dar un mapa y una brújula, eso en los mejores planetas. Sé que hay astronautas que no tienen tanta suerte y ni mapa, ni brújula, ni indicaciones ni nada.

La verdad es que hay planetas en los que se piensan que, por haber viajado antes, ya debes saberlo todo y tener las herramientas para sobrevivir, sin tener en cuenta que cada planeta es diferente y sus habitantes también lo son, pero, bueno, yo me considero un astronauta con suerte.

En este segundo viaje sientes necesidad de experimentar más situaciones con los habitantes del planeta. Conocer sus costumbres, sus gustos, lo que comen, cómo viven. Incluso puede que te guste hacer amigos, aunque no sepas si será para toda la vida o no los volverás a ver nunca más.

Encuentras formas de comunicarte, haces esfuerzos para hacer coincidir momentos con los del planeta, aunque la mayoría de ellos no se dan cuenta del esfuerzo y hasta les parece casual.

En este segundo viaje aprendes mogollón de cosas y sientes emociones nuevas. Haces amigos y amigas y tu personalidad se enriquece, creces y creces sin darte cuenta. Ten cuidado siempre de que el traje no se te quede pequeño y tengas que ir corriendo a fabricarte uno nuevo.

TERCER VIAJE:

El tercer viaje ya es una categoría superior. Es como viajar en clase A. Llegamos hasta el planeta Plutón y hablamos de Tranquilidad.

A este planeta viajo de forma habitual desde hace tiempo. Son diez años que llevo de astronauta, que yo recuerde, y sí, me encanta estar en este planeta. Aquí el aire pesa más y todos caminamos más lento, nadie se angustia, ni se pone nervioso. La ansiedad es un concepto que no existe.

La ansiedad, término que se ha puesto tan de moda en la actualidad. Ya todos los niños sabemos lo que es. Mi madre dice que cuando ella tenía mi edad no tenía ni idea de esa palabra.

Bueno, estoy en Plutón y me voy a tomar unas vacaciones aquí, lo necesito. Poder vivir sin prisas, sin estrés, sin esa bonita y tan repetida palabra: ANSIEDAD.

Vivir en Plutón es para mí una desconexión total de mi vida como terrícola. Qué alivio siento, qué paz. Podría quedarme aquí años y no darme cuenta.

En este planeta hay unos sitios muy peculiares. Este planeta es un planeta enano que se encuentra en el cinturón de Kuiper. Es una zona llena de objetos helados y otros planetas enanos en el borde de nuestro sistema solar, y me encanta visitarlos. Además, me encanta comer helados en el cinturón de Kuiper, sobre todo los de vainilla.

Plutón es el objeto más grande conocido de la región, algunos lo llaman "Rey del cinturón de Kuiper". Me encanta cuando paseo por su capital.

Por ser pequeño, en la Tierra nos dedicamos a decidir si es un planeta o no, pero, realmente, un auténtico astronauta como yo sabe que es un planeta increíble y su grandeza es indescriptible. Claro que, para muchas mentes cortas, ni alcanzan a imaginar lo que es este planeta.

Posee una órbita excéntrica, de verdad, no lo digo porque sea realmente extravagante, pero es tan distinto a todo lo que hayáis conocido nunca que no podría expresar lo que sentí al viajar aquí por primera vez, y cada vez que vuelvo es distinta y especial.

Posee cinco satélites: Caronte, Nix, Hidra, Cerbero y Estigia, que son cuerpos celestes preciosos, y me encanta visitarlos cuando ando por aquí.

En Caronte es como estar en la playa, me tumbo y desconecto absolutamente de todo.

En Nix, quedo con los seres que habitan aquí y me siento como en casa, Son una pequeña familia para mí. Te aseguro que no querrías marcharte de Nix nunca.

En Hidra me paso la vida flotando en el agua. Tiene unos pequeños lagos súper azules, transparentes, que te limpian cada célula de tu cuerpo tanto que sales brillando.

Cerbero es como un parador en el que descansar. Se come muy bien, es otro concepto de alimentación que no podría explicarte.

Estigia, es el sitio en el que te enamoras. Estigia es como una chica elegante, siempre dispuesta a acogerte, recibirte y darte lo mejor de ella. Sus seres son especiales, su energía es limpia, maravillosa y generosa. Es dar por dar, sin esperar nada a cambio. Estigia solo acoge a seres dispuestos a entregar, No hay espacio para egoístas ni vanidosos, directamente, no pueden acceder.

Según los terrestres, Plutón está formado de hielo de nitrógeno, hielo de monóxido de carbono y de metano. Estos hielos son suaves y maleables. Me encantan, es que me vuelven loco los algodones de azúcar rosas de la Tierra, pero estos son muchísimo mejores, más ricos, más bonitos, más buenos, más sanos y más divertidos.

En nuestro planeta la Unión Astronómica Internacional (UAI) degradó la categoría de Plutón a la de planeta enano porque no cumple los tres criterios para definir un planeta de tamaño completo. En esencia, Plutón cumple todos los criterios excepto uno: "no ha limpiado su región vecina de otros objetos". No tienen ni idea de la grandeza de este lugar. Pero ni una ligera idea.

CUARTO VIAJE:

Este destino me alucina. Se trata de un viaje a Mercurio, un lugar muy peculiar. Aquí siempre tenemos ruido, saltamos para todo y la paciencia brilla por su ausencia. Gritamos para jugar, jugamos para gritar. Los habitantes de este planeta sacan lo mejor y peor de mí.

Mercurio es un planeta pequeño. Su estructura interna está compuesta por un núcleo de hierro. Al ser el planeta más cercano al Sol, tenemos muchísima luz y eso nos hace estar siempre llenos de energía y muy activos.

Los humanos dicen que está tan cerca del Sol que es imposible vivir aquí, pero no es cierto. Dicen que tiene una capa muy delgada de atmósfera, pero eso es lo que ven ellos. Su superficie tiene agujeros donde impactaron objetos como meteoritos y asteroides. Lo que no saben es todo lo que ha surgido a raíz de este fenómeno.

Mercurio viaja por el espacio a 47 kilómetros por segundo. A su vez, como consecuencia de que es el más cercano al Sol, tiene el año más corto de todos los planetas. Tarda 88 días en dar una vuelta completa alrededor del Sol.

Dicen que tiene un campo magnético que hace que brille una gigantesca aurora ámbar durante los 6 meses que dura la noche, pero tampoco es verdad. La aurora es verdad que existe, es preciosa, enorme, sublime, maravillosa, pero no es de noche durante seis meses.

Los humanos creen que Mercurio no es propicio para la vida tal como la conocemos. La temperatura y la radiación solar caracterizan a este planeta como un sitio extremo, donde ningún organismo podría adaptarse, pero, tampoco es verdad.

Los seres que viven en Mercurio son tan fuertes, tan llenos de energía y tan especiales, que viven a sus anchas en uno de los mejores lugares del universo.

Esto último explicaría el cómo son aquí. Ya te lo decía en las primeras palabras de este viaje. Son unos seres muy intensos y muy fuertes. Hablan mucho y muy fuerte. Todo es impulsivo, enérgico; no existe la depresión, ni la tristeza, sí la ira, la furia, la rabia, el coraje, la pasión, el amor, la entrega, el impulso, lo que les mueve a estar creando continuamente. Son una fuente de energía tan elevada y grande que acaban por compartirla fuera del planeta al resto de nuestros planetas. Os lo aseguro.

Debido a que es el planeta más cercano al Sol, no se tarda mucho en dar una vuelta completa. Mercurio completa una revolución alrededor del Sol en solo 88 días terrestres. Si vivieras aquí, sería tu cumpleaños cada tres meses. ¡Qué pasada!

Además, con la energía que tienen, estarían encantados de organizarte el cumple cada tres meses sin ningún problema.

Vivir en Mercurio es llenarte de fuerza, de vitalidad, de valentía. Como todo, tiene su parte oscura. Si no sabes canalizar esta energía, puede llevarte a la impulsividad excesiva, competitividad, celos, pasión exagerada, peleas… Todo depende de tu nivel de conciencia, tu responsabilidad.

Todos deberíamos vivir en Mercurio al menos una vez en la vida.

QUINTO VIAJE:

Aquí sí que disfrutamos. En la Luna tenemos siempre un hambre atroz por sentir, por emocionarnos, por demostrarnos cariño y expresarlo a todo ser viviente y no viviente también.

En este viaje me pasa un poco como en Plutón, todo va lento, la gravedad se fue de compras y nosotros convivimos todos en grupo, muy unidos, pero no revueltos.

La Luna no la consideran planeta por varias razones fundamentales: en primer lugar, la Luna no orbita alrededor del Sol, sino alrededor de la Tierra y, claro, pobrecita, en serio.

Los planetas son cuerpos celestes lo suficientemente grandes como para haber alcanzado una forma esférica debido a su gravedad propia, mientras que la Luna es demasiado pequeña para haber logrado esa forma por sí misma.

Otra cosa es que la Luna no tiene una órbita despejada. Los planetas deben haber despejado su órbita de otros objetos más pequeños, y la Luna comparte su órbita con numerosos asteroides y otros cuerpos celestes.

A mí, como astronauta de diez años ya, me parece fatal. No tienes ni idea toda la riqueza que tiene la Luna con su órbita no despejada.

La de seres mágicos que comparten vivencias en la Luna y con la Luna. Esa magia y misticismo. Esa parte que hace a la Luna la más poderosa, capaz de cumplir lo más escondidos secretos de cada uno de nosotros.

Cuando viajo a la Luna, comparto todo con los seres que aquí habitan, estamos continuamente reunidos, en convivencia, con todos los que además vienen de forma habitual, esos que se encuentran viajando en la órbita que nunca podrá estar despejada.

Aquí, vemos la vida sin reloj, nos contamos nuestros secretos, vivimos flotando, sin prisa, sin gravedad; compartimos nuestros sentimientos sin esconderlos, no hay nada que esconder. La luna no es el lado oscuro, como dicen, la Luna es el lugar donde todo lo que ocultamos en planetas como el nuestro, nos destapa y nos da claridad y transparencia. Nos da fertilidad para realizar y dar a luz nuevos proyectos, nuevas vidas y cero miedos.

Llámame lunático, pero yo me siento completamente en casa aquí. Un hogar acogedor, mejor que una chimenea, mejor que un fuego de la Tierra, mejor que muchas familias.

Si lo pruebas, verás que el concepto de hogar ni se le acerca al que vivirás aquí. Su tono azulado gris convierte tu visión en una ensoñación permanente envuelta en paz, sinceridad, corazón, sentimiento, cariño, abrazo, protección. No hay nada mejor.

SEXTO VIAJE:

Este viaje siempre es necesario. Es verdad que no es atractivo ni tiene muchas emociones. Pero se hace de obligado cumplimiento para el cansancio. Se trata del Espacio, en medio de todo y de nada. Aquí somos del Universo y nos ayuda a recuperarnos del cansancio, es un filtro para limpiarnos y poder continuar.

Es ese silencio y oscuridad tan necesarios, ese no hacer nada para después poder hacer todo.

Es como si fueras un oso hibernando, mientras pones orden en tu caos mental, debido a tus múltiples viajes. Hazme caso, el Espacio es el lugar perfecto para estar en todas partes y en ninguna a la vez.

Aquí las estrellas te guían, no estás solo, aunque lo parezca, pero es un viaje totalmente necesario.

Mi madre escribió un libro hace años sobre unos niños bailarines que viajaban al Espacio. Surgieron millones de aventuras entre ellos, y es lógico. Yo ahora lo entiendo.

El Espacio existe para recomponer, para crear, para volver a empezar, para seguir creando. Es lo mejor del mundo.

El Espacio es infinito, es el Universo en expansión, continuamente, nunca para de crecer. Su tamaño aumenta de forma infinita.

Es realmente infinito en todos los sentidos, abierto y no cerrado. No sé dónde termina el Universo, si es infinito, no hay destino final. Hay gente que cree que puede haber una "muerte térmica" o "Big Freeze", donde la aceleración causada por la energía oscura terminará siendo tan fuerte que aplastará los efectos de las fuerzas gravitacionales. Yo no lo sé.

No sé qué hay más allá del Espacio. Quizá el Multiverso, eso que va más allá del universo observable, también pueden existir otros universos. ¿Tú qué dices? Yo es que solamente soy un astronauta de diez años.

SÉPTIMO VIAJE:

Este viaje es "A-MARTE". Es el viaje más romántico de todos. Es el viaje hacia el Amor, en el que tomas conciencia de cada uno de tus sentimientos y de tus seres queridos. Es el mejor de los destinos…

Marte es un planeta súper bonito. Si no, mira qué felices son nuestros vecinos los marcianos.

Para mí es el planeta del amor. Por eso, cada vez que viajo aquí hago el mismo juego de palabras. Me voy "A-MARTE".

El planeta del amor es rojo. Dicen que es por la cantidad de hierro oxidado del suelo. También tiene estaciones del año, volcanes, cañones y tiempo meteorológico. Tiene una atmósfera muy delgada compuesta por dióxido de carbono, nitrógeno y argón.

Es un planeta telúrico y tiene dos satélites que se llaman Fobos y Deimos. Son dos lugares muy mágicos a los que me encanta viajar. Mi corazón se llena y me siento muy feliz.

Marte es muy peculiar. Está lleno de volcanes, cráteres, valles y montes. Tiene unos paisajes espectaculares y difíciles de olvidar. Te enamoras con toda seguridad.

Todos sabemos que es un planeta especial. De hecho, siempre se ha hablado de marcianos como extraterrestres en general.

Es el planeta al que más ha enviado el ser humano vehículos exploradores e investigaciones. Las misiones de la NASA han encontrado muchas pruebas de que Marte era mucho más húmedo y cálido, con una atmósfera más espesa, hace millones de años.

El planeta rojo lo llamamos. Es un lugar mágico. Sus paisajes y relieve son indescriptibles.

Marte representa también la energía, la fuerza, la ambición y los deseos de las personas. Si quieres que un deseo se cumpla, pídeselo a Marte.

En este planeta, los marcianos te impulsan a hacer realidad tus sueños, a ser independiente, responsable, a crecer y a ser maduro. Nos hace mayores y valientes.

Marte es el lugar de las aventuras, de la acción. Yo he jugado muchísimo en este planeta con mis amigos los marcianos. Me han ayudado un montón a ser valiente, divertido, independiente, responsable, aventurero y resolutivo. Menos mal que existe Marte y que no puedo dejar de visitarlo.

En Marte es fácil enamorarse de alguien, de ti mismo, de la vida, del planeta, de todo.

Dicen que es el planeta del Dios de la Guerra y la lucha por la vida. A mí no me parece para nada estar en guerra cuando estoy en Marte.

Y no quiero olvidar comentarte que en este planeta hay unos seres como nuestros queridos animales, muy parecidos a los caballos, a los lobos, a los perros y también a los buitres. No sé si podría explicarte mejor cómo son estos seres. Los que son como los caballos, son seres veloces, amigables, inteligentes, compañeros de viaje leales, fieles y medios de transporte por nuestro querido planeta.

Los que se asemejan a los lobos son una comunidad mágica, poderosa, fiel y protectora. Son tus amigos por y para siempre, pase lo que pase. Seres especiales con una mirada eterna.

Los parecidos a los perros son inseparables, hogareños, no te abandonan nunca, tragones, protectores, con un gran instinto y grandes vigilantes.

Los semejantes a los buitres son seres voladores, con enormes alas, encargados de limpiar, reciclar, supervisar, vigilar, sobrevolar los volcanes, valles, cráteres y avisan de cualquier desbalance. Sus alas son celestes y enormes y su piel gris perla brillante.

Recomiendo a todo astronauta que quiera ser un buen astronauta, que jamás se pierda conocer este maravilloso planeta. No serás nunca el mismo.

OCTAVO VIAJE:

El camino hacia la soledad, vamos rumbo hacia el Sol. Aquí mola venir. Es verdad que es cálido y tiene muchísima luz, pero es donde todo se aclara, se dejan las dudas y las inseguridades y lo haces todo con pasión y sin miedos. Puedes hacerlo todo tú solo, tú sola sin esperar a nadie ni a nada.

El viaje al Sol es ESPECTACULAR. Nadie va a encontrar nunca palabras para explicarte lo que es para cualquiera venir hasta aquí.

Llegar al Sol es conseguir verte totalmente. No hay ni una zona oscura, nada escondido de ti. No podrás ocultarte nada a ti mismo. Es la verdad absoluta y transparente.

No me vas a creer si no vienes y lo compruebas tú. Hay que ser realmente especial y valiente para poder llegar hasta aquí. Pocos llegamos, y los que lo logramos nunca volvemos a ser la misma persona que antes.

En nuestro planeta, la Tierra, se han compuesto miles de canciones con el título Viaje al Sol. Son obras preciosas, y estoy seguro de que algunos de los autores, han hecho este viaje y no lo recuerdan del todo. O sí.

El Sol es la alegría máxima, la fuerza, la luz, el calor, la iluminación, la verdad, el nacimiento de todo.

Mis viajes aquí han sido una verdad tras otra. He visto mis defectos, mis virtudes, mis errores, mis mentiras, mis verdades, mis más sinceros pensamientos y sentimientos.

En el Sol no hay nada que ocultar. Sus habitantes son acogedores, familiares, cálidos, protectores, dadores de vida, generosos, amistosos, sinceros, fuertes. Su forma de comunicarse sería similar a una voz profunda que nace desde dentro y llega a todos los rincones.

En este viaje, vuelves a nacer. Sales brillando y compartes tu luz con todo el mundo. La energía es tan grande que dura años y puedes ayudar a miles de personas en la Tierra. Es incomparable y te hace generoso para siempre.

NOVENO VIAJE:

La madurez de viajar a Urano. Es un lugar lleno de gente tan inteligente, madura, sensata, estable, que por mucha locura que encontremos alrededor, aquí nunca tendremos crisis existenciales ni altibajos. Aquí llegas y te haces adulto en dos días terrícolas.

Cuando pones tus pies en Urano, tu conciencia te habla en voz muy alta y te hace un balance de todo lo realizado desde que naces hasta hoy.

Urano tiene su propia voz. Esta voz está en todas partes, nos habla, nos pregunta, nos comunica, nos cuestiona, nos hace madurar, nos busca el sentido de nuestra existencia. Este planeta es como tener un padre y una madre en todos y cada uno de sus lugares, y no podrás escapar.

Los uranitos y uranitas son seres leales, dialogantes, críticos, objetivos, mega inteligentes y con una moralidad sobrenatural. Si viajas a Urano, después serás el astronauta más intelectual de todos, el mejor amigo, el más objetivo y el más sincero de todos. Así que, tu grupo de personas, desde este viaje será el más auténtico, ya que el que se quede a tu lado será real, cero hipocresía. Mejor limpieza que viajar a Urano no habrá nunca para saber si estás bien rodeado en tu vida.

DÉCIMO VIAJE:

El viaje de tus sueños es Saturno. El lugar que te hace soñar despierto y dormirte soñando. Las fantasías se hacen realidad y puedes llegar tan lejos cómo desees.

Saturno es el planeta de mis sueños. Además, es tan precioso en todos los sentidos. Tiene una riqueza incontable e inagotable. ¿Quién no querría vivir aquí? Te garantiza soñar despierto y toda fantasía aquí es posible.

Es un planeta externo, bastante grande. Es único, ya que ninguno tiene esos preciosos anillos.

Los científicos dicen que este planeta se formó hace más de 4.000 millones de años a partir de la nube gigante de gas y polvo que giraba alrededor del joven Sol y que formó la Tierra y el resto de planetas que giran alrededor del Sol.

Dicen que no es el único planeta con anillos, pero yo es el único que he visto en todos mis viajes.

Es un planeta mágico, como una pelota hecha de pedazos de hielo y roca, con un brillo impresionante y, a la vez, esa pelota está llena de hidrógeno y helio.

Para los espirituales, te dirán que Saturno es el planeta maestro que da lecciones kármicas. El planeta que habla del tiempo, de Cronos, revela los miedos, la vergüenza y los sentimientos de culpa. Yo creo que puede ser que tengan parte de razón y que, a través de tus sueños, viajando en sus anillos, te muestra todo, tus sueños, tus miedos, tus culpas, todo tu tiempo, tu propia evolución en forma de sueños y realidades.

Me encanta pasearme por sus anillos.

Los saturninos son grandes terapeutas, psicólogos, magos, videntes con espejos que te enseñan lo que realmente importa, tu propia transformación. Te ayudan a sanar, a curarte de tus problemas, enfrentarte a ellos, sin huir. Son seres inigualables. Son regalos para mostrarte lo que llevas dentro y te hacen cambiar dando paz y libertad.

ÚNDÉCIMO VIAJE:

Aquí, en Júpiter, es como viajar al futuro. Te llevas multitud de avances en tu cabeza y planes por hacer. Mientras estás aquí, tienes muy claro hacia dónde ir y cómo, pero, sobre todo, para qué y por qué. Sería genial para mucha gente indecisa poder venir aquí. Hay miles de personas que no saben qué hacer con su vida y, al final, esa indecisión hace daño a sus vidas y a las de su alrededor.

Venir a Júpiter debería ser de obligado cumplimiento para todos.

Como astronauta, pienso que, si has decidido venir a esta vida, es para hacer cosas, no para estar parado pensando qué hacer con ella y llenarla de dudas y de incertidumbre.

Aquí, en Júpiter, hay que presentarse valiente, fuerte, con una lista de cosas no resueltas para dejar hechas y bien cerradas para abrir otras nuevas con la promesa de terminarlas absolutamente todas.

Es un planeta súper bonito y acogedor. Sus habitantes no se andan con rodeos ni con indirectas. Todo lo contrario. Son expertos en dejar las cosas claras y no existen temas sin resolver.

Por experiencia, los astronautas que han venido aquí con miedo no han soportado apenas nada de tiempo aquí. Han sufrido bloqueos tan intensos por no querer resolver sus asuntos pendientes que no han podido seguir, ya que la energía de Júpiter no es opcional. Tienes que estar listo para continuar, sí o sí.

Júpiter no te deja volver al pasado, no te deja conectar con cosas que no has sanado, al revés. Es la mejor oportunidad de dejarlo todo resuelto, y si no lo quieres hacer, aquí no podrás sobrevivir.

Vivir en y con Júpiter es lo más grande que te puede ocurrir. Un reino que te da todos los recursos para dejarlo todo solucionado. ¿Qué más se puede pedir?

Me gustaría poder volver prácticamente cada día, pero no, eso no es posible. Puede generar dependencia. Los jovianos no nos permiten volver cada vez que tenemos un problema, ya que dicen que debemos enfrentarnos a nuestros problemas, y que hacer eso sería volvernos dependientes totales, y eso tampoco es bueno.

Los jovianos son seres especiales, fuertes e intensos. Sí, en la Tierra está muy de moda la palabra intenso e intensa. Y me parece que se está errando mucho.

No debemos confundir ser emocional con algo despectivo, o confundiendo esta cualidad con la locura. Una persona sincera, emocional, que no tiene miedo a sentir, a compartir, a amar, no es intensa, es sincera, es valiente, no tiene doble cara ni máscara, ni armadura, ni escudo. Considero que no tiene nada de malo ni de loco. Sepamos diferenciar antes de seguir calificando negativamente. Conseguimos así aislar a personas muy válidas, y no es justo.

Cada persona es como es y debemos apreciar siempre todo lo bueno. Si sientes miedo, no te da derecho a despreciar a alguien llamándole intenso o intensa. Hay miles de caminos a escoger y podemos no acompañarle, pero nunca rechazar.

Cuando actuamos con miedo por no querer ir a Júpiter, conseguimos aislamiento, estancamiento, soledad no deseada, cero avance y como resultado, tristeza. Te aconsejo que viajes a Júpiter, al menos una vez en tu vida y no seas cobarde.

PENÚLTIMO VIAJE:

La Tierra es el lugar donde aterrizar, valga la redundancia. Después de cada viaje, volver a casa siempre está bien, sabiendo que, más pronto que tarde, volveremos a emprender nuestros once viajes de nuevo.

Cuando llegas a casa otra vez, después de haber emprendido todos esos viajes, te sientes completo, un astronauta orgulloso de quién es, válido, fuerte y con tanto por dar y aportar que tu felicidad es máxima.

Volver a casa siendo un astronauta totalmente evolucionado y completo es algo indescriptible. Es el sueño de todo astronauta. Te sientes y eres capaz de todo. Ahora eres mejor y tu generosidad aumenta sin límites.

Te conviertes en un recurso esencial para mejorar el planeta que es tu casa, con un montón de regalos que entregar a los tuyos, sabiendo que los hará mejores también.

Ahora todo tu tiempo es para dar, para compartir, comunicar, ayudar, colaborar, solucionar. Te quitas la escafandra por fin, vas sin filtros, sin miedo, cómodo, descalzo, porque estás en casa con las manos llenas de ayuda, de regalos que no podrás comprar jamás en ninguna parte.

Y te das cuenta de que ya no eres un astronauta, eres solamente un niño con toda esa energía y esa vida para acompañar, para hacer realidad por fin un auténtico TEA-COMPAÑO.

PASO 18.
MI HERMANA

Si en algo coincidimos mi hermano y yo es en el deseo de haber tenido una hermana. Una personita que aporte algo nuevo entre nosotros, que sea como nosotros y, a la vez, esa "cosa" que tiene mamá, pero que no está en el papel de madre con todas sus obligaciones y limitaciones para poder compartir con nosotros como iguales y a la vez diferentes.

Ella se llama Sarah. Sabemos cómo es, cómo habría sido y cómo será siempre, pero, por alguna razón, aún no la hemos visto.

Cuando yo tuve a mi hermano, me gustó mucho. Bueno, la verdad es que me empezó a gustar más cuando dejó de llorar y tal.

Cuando mi hermano creció, comenzó a pedirla y yo estaba de acuerdo con él.

Nos cuesta ponernos de acuerdo en muchas cosas, aunque en otras formamos una coalición perfecta. Y este paso dieciocho es algo en lo que siempre hemos estado de acuerdo.

Seguro que a muchos de vosotros os pasa, o a lo mejor os ha pasado. Es esa sensación de echar de menos algo que nunca has tenido.

Eso es raro. Se dice que no se puede echar de menos algo que no se ha tenido. Yo de eso no entiendo, pero sí identifico mis emociones y es algo que siento y mi hermano también.

Lo esencial de este paso no es el hecho en sí de tenerla con nosotros físicamente o no. Lo importante es el sentimiento común de querer compartir y mucho que ofrecer.

Eso es lo verdaderamente importante de este paso.

¿Te digo por qué? De un tiempo a esta parte, he observado que hay muchos niños y niñas y adultos y adultas que sienten rechazo a la llegada de un nuevo miembro a la familia. Ellos mismos te dicen que no quieren ni querrían por nada del mundo que viniera otra persona a robarles su lugar, sus cosas, su sillón y su tiempo.

Me cuesta entenderlo. No lo sé. Yo pensaba que la vida es sentir, vivir, compartir. Yo no sé de sillones, ni de tiempos privados que puedan ser robados.

A lo mejor mi autismo no me deja entender cómo alguien pueda robarme mi persona. Lo que yo soy y lo que yo tengo no puede ser robado por una persona nueva que nace del amor y la esencia de mí mismo, porque, cuando yo miro a mi hermano, aunque no sea igual a mí, es parte de mí. No me puede quitar nada, porque es parte de mí. A lo mejor estoy equivocado y no todos los hermanos sienten como yo.

Pero, sin desviarme del paso dieciocho, lo que intento que veáis es la tendencia que hoy en día nos muestran las personas.

A mí me enseñan en el instituto, en el colegio, en las películas, en todo, que hay que compartir, cuidar, solidaridad, igualdad, etcétera, pero luego recibimos continuamente mensajes de individualismo, de amarse mucho a uno mismo por encima de todo y de todos.

Y yo me estoy liando. ¿Tú no? Es que creo que nos estamos liando, porque ahora veo que hay gente que quiere compartir, pero que luego quiere tener todo en exclusividad para vivir súper bien de forma permanente. Esto yo no sé cómo se hace.

¿Me lo puedes explicar? Porque los más jóvenes nos estamos liando un poco. Pero es que los adultos no andáis muy lejos.

Sinceramente, creo que el resultado es que se os pasa la vida buscando un equilibrio que nunca podéis encontrar, porque ambas cosas son incompatibles y siempre hay que elegir y aceptar, renunciar, ganar algo y perder otro algo.

Es así de sencillo. Sin embargo, lo estáis complicando todo demasiado.

Concluyendo este paso, Sarah significa compartir sin importar lo que das, lo que recibes, lo que pierdes o lo que ganas.

Piensa si tú sabes lo que significa Sarah. Si no estás seguro de su significado, no hagas nada. Si lo estás. Gracias porque has entendido su significado.

PASO 19.
TEA-CONSEJO

Este último paso, en realidad es un aviso a un siguiente paso tras otro. Este camino nunca se acaba. Debes estar dispuesto a caminar, caminar y caminar. No hay opción a la rendición.

No puedo darte millones de consejos, ya que tu vida es tuya y tus experiencias son las tuyas, nunca las mías.

Pero sí puedo darte un gran consejo para terminar este libro y comenzar el siguiente.

TEA-CONSEJO que seas tú mismo, que no intentes ser lo que los demás esperan que seas, que no te dejes la piel en agradar al resto, que tú, con todo lo que llevas dentro, eres único, especial, diferente, con tu misión para con el mundo. Que con todo lo que eres, es lo que tienes para aportar, y si lo cambias o modificas para querer "encajar", te estarás desviando de tu misión de vida.

Así que sé tú mismo, céntrate en ti, haz lo que eres, lo que sientes, sé feliz y comparte esa felicidad con las personas que lo valoran, lo aprecian y hacen que crezcas y crezcan contigo. Lo demás será perder tu tiempo. Y créeme, que tienes poco.

Índice